**복지로
읽는 보훈**

보훈공단
보훈교육연구원
보훈문화총서
01

복지로
읽는 보훈

보훈교육연구원 기획
황미경 김종우 이준희 변해영 윤승비 지음

보훈교육연구원 보훈문화총서01

복지로 읽는 보훈

등록 1994.7.1 제1-1071
1쇄 발행 2020년 12월 31일

기   획   보훈교육연구원
지은이   윤승비 황미경 변해영 김종우 이준희
펴낸이   박길수
편집장   소경희
편   집   조영준
관   리   위현정
디자인   이주향
펴낸곳   도서출판 모시는사람들
　　　　 03147 서울시 종로구 삼일대로 457(경운동 수운회관) 1207호
전   화   02-735-7173, 02-737-7173 / 팩스 02-730-7173

인   쇄   (주)성광인쇄(031-942-4814)
배   본   문화유통북스(031-937-6100)
홈페이지   http://www.mosinsaram.com/

값은 뒤표지에 있습니다.
ISBN 979-11-6629-012-1   04300
세트   979-11-6629-011-4   04300

이 도서의 국립중앙도서관 출판예정도서목록(CIP)은 서지정보유통지원시스
템 홈페이지(http://seoji.nl.go.kr)와 국가자료공동목록시스템(http://www.
nl.go.kr/kolisnet)에서 이용하실 수 있습니다.(CIP제어번호:CIP2020053740)

이 책의 내용은 필자의 개인적인 의견이고, 보훈교육연구원의 공식적인
입장과는 관련이 없습니다

한국보훈복지의료공단 창립 40주년을 맞아 한국보훈복지의료공단의 지원
을 받아 출판되었습니다

보훈, 따뜻하고 든든한

보훈(報勳)은 '공훈에 보답한다'는 뜻이다. 「국가보훈기본법」 (2005.05.31)의 표현을 가져오면, "국가를 위하여 희생하거나 공헌한 사람의 숭고한 정신을 선양하고 그와 그 유족 또는 가족의 영예로운 삶과 복지향상을 도모하며 나아가 국민의 나라사랑정신 함양에 이바지"하는 행위이다(제1조). 국가를 위한 희생이나 공헌의 성격은 다음 네 가지 범주로 규정하고 있다: "가. 일제로부터의 조국의 자주독립. 나. 국가의 수호 또는 안전보장. 다. 대한민국 자유민주주의의 발전. 라. 국민의 생명 또는 재산의 보호 등 공무수행"(제3조)

이러한 규정에 근거해 보훈을 '독립', '호국', '민주'라는 세 키워드로 이해하는 흐름이 생겼다. '사회공헌'까지 보태 넷으로 분류할 수도 있다. 보훈의 정신이 서너 가지 가치로 표현되어 오니까

나중에 기본법을 제정해 그 범주를 정리했다고 보는 편이 더 옳겠다. 독립, 호국, 민주 혹은 사회공헌을 위해 투신하다가 당한 희생에 국가가 물심양면으로 보답하는 과정이 보훈이다. 그동안 보훈 정책은 세분화·구체화되었고, 예산도 확대되어 왔다.

그런데 좀 더 깊이 들여다보면 보훈의 구체화 과정에 문제가 없는 것은 아니다. 정책 하나하나의 문제라기보다는 보훈의 가치들 간 긴장과 갈등의 문제, 보훈에 대한 국민적 인식의 문제다. 두 가지 문제의식을 가지고 한국 보훈의 현실을 간략히 진단해보자.

첫째 문제는 보훈의 주요 가치들인 독립, 호국, 민주 혹은 사회공헌의 실제 내용이 서로 충돌하기도 한다는 데 있다. 가령 북한과의 전쟁 경험에서 출발한 '호국'의 가치와 다원성을 중시하는 대북 포용적 '민주'의 가치가 부딪치곤 한다. 이런 현상은 분단국가이면서도 통일을 지향하는 한반도의 특수한 상황에 기인한다. 남과 북은 정치적 이념과 권력 구조가 달라 서로 적대하면서도, 통일 혹은 일치로 나아가기 위한 교류와 협력의 대상이기도 하다. 남북관계는 적대적 준국가 관계에 놓여 갈등하면서도, 오랜 역사, 언어, 문화적 동질성을 훨씬 크게 경험해 온 한 민족이다. 분리되어 있으나 합일을 지향하는 이중 관계에 있는 것이다.

그렇다면 전쟁과 같은 아픈 역사에 기반한 호국의 가치와 미래 지향적 민주 및 사회 공헌의 가치가 적절히 만나도록 해야 한다. 이들을 화학적으로 결합시키지 못하면 한반도는 분단으로 인한 소모적 갈등이 두고두고 지속될 것이기 때문이다.

독립과 관련한 가치가 구현되는 상황이 비슷하다. 원치 않게 일본의 식민지로 살아야 했던 역사적 경험과 이로부터 벗어나려 몸부림치던 선구적 희생의 자취가 공존하고 있는 것도 한국의 현실이다. 이른바 독립유공자는 선구적 희생에 대한 국민적 보답과 예우의 표현이지만, 같은 집안에서도 친일과 반일이 갈등하며 섞여 있는 것이 여전한 우리의 현실이다. 사회주의적 이념에 기반한 독립운동을 분단 이후 강화된 호국적 이념과 조화시키는 일도 간단하지 않다. 어떤 가치에 중점을 두느냐에 따라 북한은 물론 미국 및 중국에 대한 태도도 크게 갈려서 정부가 외교적 균형을 잡기 어려운 것도 우리의 현실이다.

이것은 한반도에서 공정한 보훈 정책이 얼마나 어려운지 잘 보여준다. 그러면서도 역설적으로 보훈이 사회통합과 국가공동체 건설에 기여하는 계기와 동력이 될 수 있다는 뜻이기도 하다. 보훈의 이름으로 독립, 호국, 민주유공자 및 보훈 대상자를 지속 발굴하고 선양하되, 그 과정에 벌어지는 갈등은 최소화해야 한다. 깊이 고민하고 성찰해서 독립, 호국, 민주의 가치를 화학적으로 조화시켜야 한다. 그렇게 사회통합을 이루고 국가의 공동체성을 구축해 가야 한다.

둘째 문제는 공훈에 보답하는 주체가 '국민'이라기보다는 '국가'라는 인식이 강하다는 것이다. 「국가보훈기본법」에서도 국가와 지방자치단체가 보훈 정책을 시행하고 국민은 그에 협력해야 한다는 식으로 규정하고 있다.(제5와 제6조; 제8와 제9조 참조) 보훈의 전제가 '국가를 위한 희생과 공헌'이다 보니, '국가가 보답한다'는 인식이 먼저 생기는 경향이 있다. 국가의 주체는 결국 국민임에도 불구하고, 보훈 행위에서 국민은 빠지거나 적당히 거리를 둬도 될 것 같은 이미지나 분위기가 형성되고 있는 것이다.

그러나 국가의 주체는 결국 국민이다. 보훈 행위의 무게중심을 국민에 둘 수 있어야 한다. 국민의 세금으로 정부, 특히 국가보훈처가 보답의 행위를 대신하고 있지만, 공을 세우고 그 공에 보답하는 주체 모두 결국은 국민이다. 정부는 국민의 눈높이에 맞춰 국민에게 먼저 다가가고 국민이 공감할 수 있는 정책을 계속 모색하고, 현대 사회에 어울리는 교육 콘텐츠를 개발 및 보급해야 한다. 무엇을 어떻게 하는 것이 보훈에 대한 국민적 기대치와 눈높이에 어울리는지 선제적으로 고민해야 한다. 보훈이 풀

뿌리부터 자발적으로 문화화하도록 플랫폼을 제공해야 한다.

현 정부에서는 "든든한 보훈"을 슬로건으로 하고 있다. 오랜 군복무로 국가안보에 기여한 '제대군인'에 대한 지원을 강화하고, 보훈대상자들이 어디서든 불편 없이 진료 받을 수 있도록 한국보훈복지의료공단 산하 보훈 종합병원들과 연계하는 '위탁병원'을 지역 곳곳에 확대하고 있다. 보훈대상자들을 연결고리로 국가와 국민을 든든하게 연결시키겠다는 취지의 정책이다. "따뜻한 보훈"을 모토로 한 적도 있다. 현장과 사람 중심의 보훈을 기반으로 국민과 함께 미래를 여는 정책을 펼치겠다는 것이었다. 모두 적절한 슬로건과 모토다. 국가-국민-국가유공자가 서로 연결되고 순환하는 체계를 만들어 나가겠다는 취지에서 서로 통한다.

어떻게 하든 한국 보훈의 방향은 순국선열, 애국지사, 전몰군경, 전상군경 등 전통적인 국가유공자들을 예우하되(국가유공자예우등에관한법률 제4조), 민주유공자와 사회공헌자는 물론 '국가사회발전특별공로자'와 같은, 시민사회에 좀 더 어울리는 유공자들을 적극적으로 발굴하는 방식으로 가야 한다(제4조). 보훈이 흔히 상상할 수 있는 전쟁 중심의 이미지에서 벗어나 평화 지향적으로 나아가는 데 기여해야 한다. 국경 중심의 근대민족국가의 범주에 갇히지 말고 인간의 아픔에 공감할 줄 아는 보편적 인류애에 호소해야 한다. 그렇게 세계가 축복할 수 있을 보훈 정책의 모델을 한반도에서 만들어내야 한다.

그러면 국민은 국민대로 오늘의 삶을 누리는 데 기여한 이들을 위해 마음과 시간을 더 낼 수 있을 것이다. 가족이 다치면 가족이 돌보지 않던가. 희생은 없어야 하고 없을수록 좋지만, 만일 가족 중 누군가 아프면 가족이 치료하고 돌보면서 가정을 유지해 나간다. 국민이 국가를 위해 일하다가 다치면 그곳에 국민의 손길이 미칠 수 있어야 한다. 그런 문제의식을 가진 국민을 '시민'이라고 명명한다면, 보훈도 시민사회와 순환할 수 있어야 한다.

정부는 물론 보훈 연구자들은 이러한 유기적 관계성을 따뜻한 철학으로 뒷받침해야 한다. 국가유공자와 보훈대상자를 위한 복지와 의료 정책에 첨단 인공지능과 다양한 빅데이터도 적절히 활용할 수 있을 것이다. 이렇게 희생과 아픔에 대한 인간의 원천적 공감력에 호소하면서 시민사회가 보훈을 자신의 과제로 삼을 수 있는 바탕을 다져야 한다. 그렇게 미래로 나아가고 세계와 소통하는 국가를 만들어야 한다. 보훈은 국가를 돌아가게 하는 근본 원리이다.

이러한 원리는 더 이상 누군가의 희생이 나오지 않아도 되는 안전하고 평화로운 국가와 세계가 이루어질 때까지 계속되어야 한다. 이러한 세계를 이루기까지 심층적인 의미에서 선제적으로 이루어 가는 보훈, 이른바 '선제적 보훈'의 길을 걸어야 한다.

그동안 보훈 관련 각종 정책 보고서는 제법 많았다. 그러나 대부분 일반인의 손에는 닿을 수 없는 전문가의 책상과 행정부서 깊은 곳에 머물렀다. 보훈의 역사, 이념, 의미, 내용 등을 국민적 눈높이에서 정리한 대중적 단행본은 극소수였다. 정작 보훈이 무엇인지 관련자들도 깊고 체계적으로 고민할 새가 별로 없었다. 무엇보다 시민사회로까지 다가서기에는 부족했다.

이러한 현실을 의식하며 보훈교육연구원에서 일반 시민이 쉽게 접근할 수 있도록 대중적 차원의 『보훈총서』를 기획하고 드디어 출판에 이르렀다. 지속적으로 출판할 예정이다. 보훈이 무덤덤한 '그들'만의 이야기가 아니라 '우리'의 이야기가 되면 좋겠다. 인간의 얼굴을 한 따뜻하고 든든한 보훈이 되면 좋겠다.

보훈교육연구원장

이 찬 수

복지로서의 보훈

한국의 보훈보상제도는 1961년 태동했다. 한국은 지난 60년간 사회경제적 수준이 향상되면서 시대적 요청도 달라졌고, 국가를 위하여 공헌하거나 희생한 자와 그 유가족을 위한 보상과 예우, 민족정기 선양 등의 사업도 발전적으로 변해 왔다.

동서양을 막론하고 보훈정책은 이념과 제도와 상관없이 필연적으로 발생하며, 보훈대상자에 최고의 대우를 해주기 위한 국가적 지원 정책이라고 볼 수 있다.

국가와 민족을 위해 희생한 이들에 대한 국가의 적절한 예우, 현시대 국민적 요구와 인식의 확산, 시대 상황에 맞는 보훈정책을 실현하는 것이 오늘 우리 사회가 열어 나가야 할 보훈복지의 길일 것이다.

이 책의 1장 '보훈은 복지다: 보훈복지 시대, 새로운 통합을 연다'에 의하면, 국민통합의 상징적 기제인 보훈은 주인정신의 표출로서, 과거, 현재, 미래를 잇는 보훈선양, 보훈문화, 선제보훈으로 나타난다. 보훈은 무엇보다 사회통합의 근간인 복지정책이다. 보훈대상자들의 명예선양, 예우지원을 핵심으로 하면서, 평생복지와 국민화합을 확대시켜 더욱 강한 애국심으로 온 국민의 평안을 보장하는 길이다. 다양한 보훈정책과 복지제도를 통합함으로써, 남남갈등을 넘어 항구적인 자유와 평화적 통일을 여는 '통일복지거버넌스'의 새로운 역사를 열어가는 계기가 되기를 희망하고 있다.

2장 '복지에는 날개를, 보훈은 비상을'에서는 복지는 행복한 삶을 꿈꾸는 국민을 위해 국가가 만들어 가는 사업이며, 보훈은 국가를 위해 희생한 사람의 공헌에 보답하기 위해 국가가 시행하는 사업이라는 점에서, 모두 행복한 삶의 추구라는 동일 목표를 갖는다고 말한다. 복지를 배제한 보훈이라는 것은 아무런 가치가 없으니, 복지에 날개를 달고 보훈은 비상을 준비하여 모두가 행복한 삶의 종착지에 다다를 수 있기를 바라고 있다.

3장 '선진 강대국의 보훈복지와 대한민국'에서는 오늘날의 선진강대국(미국, 캐나다, 호주, 프랑스 등)들은 나라를 위해 헌신하다 부상을 당하거나 전사한 분들을 영웅으로 추대하고 상징화하여 기억하게 하고 있으며, 국가적 차원에서 그들의 평안한 삶을 보장하기 위한 주거, 의료, 연금 등 보훈복지를 체계적으로 관리하고 지원하고 있음을 잘 보여준다.

4장 '우리의 꿈, 보훈이 당당한 복지국가'에서는 "보훈이란 무엇인가? 누구를 위한 보훈인가?"라는 물음을 제시하고, 보훈대상자들은 나의 부모형제이며 자매나 다름없다고 말한다. 그분들에 대한 복지는 복지국가로 가는 마땅히 인간답고 정의로운 길이기에, 모두가 꿈꾸는 나라, 보훈이 당당한 나라, 보훈 가족이 떳떳하게 보상받는 국가로 가야 한다고 말한다. 나라를 위한 희생과 공헌에 합당한 보상과 예우가 보장되는 보훈복지서비스 제도가 일관되게 시행되어야 한다는 것이다.

5장 '한국 보훈제도의 발전과 보훈복지의 미래'에서는 한국의 60년 보훈복지제도의 발달과정, 보훈복지대상 및 급여유형, 사회적 합의체계, 보훈 관련 환경 변화를 집중적으로 분석하고 있다. 산업화와 민주화를 거치면서 사회경제적 수준이 향상되고, 복지문화가 우리 사회의 보편적인 생활문화로 자리매김하고 있는 만큼, 보훈대상자에 대한 책임 있는 복지의 제공은 물론, 복지와 보훈의 사각지대에 놓여 있는 보훈대상자들의 어려운 상황도 간과해서는 안 된다는 사실을 잘 전하고 있다.

이 책『복지로 읽는 보훈』을 통해 보훈정책은 보건복지, 의료, 사회서비스 보장 체계에서 우선적으로 보장되어야 하는 영구적 제도로서, 국가와 지방자치단체는 「국가보훈기본법」 제22조, 제23조에 명시한 공훈에 대한 선양사업과 보훈문화 창달의 의무를 지니며, 국가사회복지를 기본으로 하고 그 위에 보상이 더해지는 보훈복지 시스템을 정착시켜 가야 한다는 사실을 알 수 있게 된다.

이 책을 통해 독립, 국가수호, 민 주화라는 보훈의 큰 동산에서 온 국민이 행복하게 살아가는 세상을 만들어 가는 것이 고난과 역경의 시대에 이 나라를 구한 국가유공자를 향한 존경과 감사의 표시임을 다시금 확인할 수 있을 것이다.

우리의 평안함은 어디에서 오는가? 세월이 흘러도 우리는 그들의 희생을 잊지 말고, 그분들의 행복한 삶과 평안을 바라는 마음으로 이 책을 읽어 주시면 좋겠다.

본편 원고 집필에 참여해 주신 교수님 이하 박사님들과 편집을 위해 수고해 주신 도서출판 모시는사람들에 감사드린다.

보훈교육연구원 연구원

윤 승 비

복지로 읽는 보훈

간행사 _ 이찬수 ———5

서문 _ 윤승비 ———12

보훈은 복지다: 보훈복지 시대, 새로운 통합을 연다 _ 황미경 ———19

1. 보훈은 복지다 ———21

2. 보훈은 통합이다 ———26

3. 보훈은 통일이다 ———31

복지에는 날개를, 보훈은 비상을 _ 김종우 ———35

1. 행복한 삶을 꿈꾸며 ———37

2. 함께! 또 함께! 미래를 향해 ———41

3. 넘어져도 괜찮아, 다시 일어서면 되니까 ———47

4. 〈기생충〉, 양극화, 보훈의식 ———54

5. 잔느 깔망, 그는 누구인가? ———60

6. 남과 북의 보훈 보상의 차이는? ———66

7. 국가유공자들의 생활과 우리의 지원 ———70

8. 국가유공자에 대한 국민들의 생각 ———74

9. 미래를 지향하는 보훈 ———78

선진 강대국의 보훈복지와 대한민국 _ 이준희 ——————— 83

1. 들어가는 말 ——————— 85

2. 선진 강대국의 조건과 보훈복지 개념 ——————— 86

3. 선진 강대국의 보훈복지 ——————— 91

4. 대한민국의 보훈복지와 나아갈 방향 ——————— 118

5. 맺음말 ——————— 125

우리의 꿈, 보훈이 당당한 복지국가 _ 변해영 ——————— 129

1. 아련한 기억을 보듬어주는 보훈 ——————— 131

2. 국민 행복은 복지에서 시작한다 ——————— 135

3. 진정한 보훈은 진실과 복지에서 출발 ——————— 141

4. 보훈의 성공이 애국 평화의 시작이다 ——————— 146

5. 통일은 보훈의 상생과 대동의 복지에서 ——————— 158

6. 우리가 꿈꾸는 나라, 보훈이 당당한 복지국가 ——————— 164

한국 보훈제도의 발전과 보훈복지의 미래 _ 윤승비 ——————— 177

1. 들어가며 ——————— 179

2. 보훈복지제도의 발달 ——————— 181

3. 보훈복지제도의 사회적 합의체계 ——————— 188

4. 나가며: 보훈복지 증진을 위한 국가보훈 발전 방향 ——————— 207

참고문헌 ——————— 213

보훈은 복지다

: 보훈복지 시대, 새로운 통합을 연다

황 미 경_ 서울기독대학교 사회복지학과 교수

국민통합의 상징적 기제인 보훈은 사회통합의 상징인 복지로 인정된다. 나라사랑과 나라지킴의 의무가 과거와 현재, 미래를 잇는 보훈선양, 보훈문화, 선제보훈으로 나타나는 주인정신의 표출이고, 보훈정책은 보훈대상자들의 명예선양과 예우지원에 더하여 평생복지와 국민화합을 확대시켜 더욱 강한 애국심으로 온 국민의 평안을 보장한다. 이에 보훈복지거버넌스에서 다양한 명제의 보훈과 복지가 통합되고 남남갈등을 넘어 항구적인 자유와 평화적 통일을 여는 통일복지거버넌스의 새로운 역사를 기대하였다.

1. 보훈은 복지다

우리의 평안이 어디서 오는가. 우리는 생각한다. 해마다 돌아오는 6월. 화평을 잠시 생각하고 일상으로 돌아간다. 나라사랑과 나라지킴의 의무는 과거를 기리는 보훈선양, 현재를 지키는 보훈문화, 미래에 대처하는 선제보훈으로 평화적 통일을 지향하는 주인정신의 표출이다. 그렇기 때문에 지금도 우리는 희생과 공헌을 기억하고 살아있는 정신을 후대까지 펼치려는 노력들로 보훈복지 구현을 위한 장치를 마련하고 있다.

국가와 지방자치단체는 국민의 복지 정책과 법령 마련 시 국가보훈대상자를 우선하여 배려해야 하는 적극적 조치 의무가 있다(「국가보훈기본법」 제5조). 따라서 보훈에 대한 보상은 사회보장 정책의 우선순위로 제도화하여, 국가유공자의 희생과 공헌에 대한 '보상'의 원리는 '보충성'의 원리와는 구별되는 개념으로 국가유공자에게 생애 말기까지 복지서비스를 지원하는 예우와, 삶의 질 향상을 위한 노력으로 발전되어 왔다. 이러한 보훈복지제도는 헌법 정신과 사회보장기본법, 국가보훈 관련 법령에 의하며, 헌법에서는 국가유공자·상이군경 및 전몰군경의 유가족에 대한 우선적인 근로의 기회 부여, 대통령의 훈장 기타의 영전의 수여를 명시하고 있다(제32조 제6항, 제80조).

보훈은 우리 모두의 복지다. 국민통합의 상징적 기제인 '보훈'은 사회통합의 복합적 기제인 '복지'의 가치로 통한다. 국가의 보훈정책은 보훈대상자들의 명예선양과 예우 지원에 더하여 평생복지와 화합을 확대시켜야 하는 과제를 안고 있다. 따라서 나라사랑의 애국정신과 나라지킴의 주인정신은 '보훈'과 '복지'의 통합적 가치를 지향하는 정신으로 승화시켜야 한다.

인과성의 복지로 설명되는 사후보장의 원리인 보훈복지의 권리는 목적적 기여의 의무나 보충성의 급여가 아닌, 희생과 공헌에 대한 국가의 보상이라는 당위로 애국정신을 함양하고 선제보훈으로서 국민의 평안과 복지로 환원된다.

보훈은 우리 모두의 의무다. 보훈의 의무는 국가, 지방자치단체, 국민, 국가보훈대상자 모두에게 중대한 의무로, 정부는 희생·공헌자의 공훈과 나라사랑 정신을 선양하고 국가보훈대상자를 예우하는 기반을 조성하기 위하여 노력해야 하며(국가보훈기 본법 제5조), 복지정책과 입법 활동에서 국가보훈대상자를 먼저 배려해야 한다. 국민의 의무는 희생, 공헌자의 공훈과 나라사랑 정신을 존중하고 선양하기 위하여 국가와 지방자치단체의 시책 에 협력해야 하고(「국가보훈기본법」 제6조), 국가보훈대상자는 국 민들로부터 존경을 받을 수 있도록 하는 품위 유지의 의무(「국가 보훈기본법」 제7조)를 명시하였다.

　보훈복지거버넌스는 다양한 명제의 보훈과 복지의 원리로 선순환하는 통합적인 보훈복지의 역사로 세대를 이어 한반도 의 항구적인 공동체성과 통일성을 향한 화합의 역사를 생성해 야 한다.

　보훈복지대상자의 희생과 공헌에 대한 보상의 원리에서 적절 해야 하는 차등과 형평의 이슈는 보상의 숭고한 원리가 역전이 되지 않도록 하는 보훈복지대상자의 소득과 건강권 보장, 초고 령화 사회 대비로 고령화 추세인 소외된 유공자의 삶의 질을 향 상시켜야 할 책임이 있다.

　특히 생활조정수당제도의 정액 지급 등에 따른 한계는 독립유 공자, 국가유공자의 공헌과 희생에 대한 보상, 진단에 의한 차등 의 형평성과 타당화라는 과제를 안고 있다.

보훈복지대상자들에게 우선적인 보상과 예우에 더하여, 고령화에 대처해야 하는 노후 소득 보장과 젊은 상이자의 증가에 대처해야 하는 재활과 자립을 위한 노력들은, 헌법상 보훈복지의 근거가 되는 사회권을 명시한 헌법 전문, 행복추구권과 교육을 받을 권리, 근로의 권리와 노동기본권, 인간다운 생활을 할 권리 및 쾌적한 환경에서 생활할 권리, 근로의 기회를 보훈대상자가 우선적으로 보장받을 수 있도록 하였다.

국가보훈기본법은 국가보훈에 관한 기본법으로 국가를 위하여 희생하거나 공헌한 사람의 숭고한 정신 선양 및 가족의 영예로운 삶과 복지 향상, 국민의 나라사랑 정신 함양에 이바지하기 위한 국가보훈의 기본적인 사항을 정하고 있다. 희생과 공헌 정도에 따라 보훈대상자, 유족, 가족에게 보상하기 위한 보상 원칙, 등급, 보훈급여와 권리를 규정하여 그 예우 및 지원의 원칙에서 국가와 지방자치단체가 국가보훈대상자의 희생과 공헌의 정도에 상응하는 예우 및 지원을 하도록 명시하고 있다.

국가유공자 등 예우 및 지원에 관한 법률의 목적은 국가를 위하여 희생하거나 공헌한 국가유공자, 그 유족 또는 가족의 예우와 지원으로 이들의 생활 안정과 복지 향상을 도모하고 국민의 애국정신을 기르는 데에 있다. 또한 국가유공자 등 예우 및 지원에 관한 법률에서는 보상의 원칙과 희생과 공헌의 정도에 따라 국가유공자, 유족과 가족에 대한 보상의 정도를 규정하고 있다. 이러한 보훈복지급여는 광의의 사회보장 전달 체계에서 보상의 원리에 근거한 사회적 급여 체계로 이해할 수 있다.

한편 보훈보상대상자 지원에 관한 법률이 시행됨에 따라 국민의 생명, 재산 보호와 직접 관련이 있는 상황에서의 희생자인 '국가유공자'와 국가적 책임 차원에서 보상이 필요한 '보훈보상대상자'를 구분하여 지원한다. 즉, 국민의 생명이나 재산보호와 직접 관련이 없는 직무 수행 중 사망하거나 상이를 입은 보훈보상대상자는 재해사망·부상 군경, 재해사망·부상 공무원, 그 유족과 가족이다.

참전유공자 예우 및 단체 설립에 관한 법률은 참전유공자의 명예 선양, 국민의 애국정신 함양에 이바지함을 목적으로 하며, 주요 예우는 참전명예수당, 의료지원, 양로보호, 묘지안장, 문화지원 등의 수당과 서비스 제공이다.

이러한 국가의 보훈복지정책이 서비스로 전환되어 시행되는 보훈복지서비스 전달 체계는 국가보훈처와 지방자치단체, 한국보훈복지의료공단을 통하여 순국선열, 애국지사, 전몰군경, 전상군경, 순직군경, 공상군경, 무공수훈자, 보국수훈자, 참전유공자 등을 대상으로 신체검사와 상이등급에 따른 급여 체계를 차등화 함으로써 보훈복지대상자, 유족, 가족의 복지권을 보장할 수 있는 보훈급여금제도로 시행된다.

보훈복지의 방향성은 보훈복지에 관한 기본법을 필요로 하고, 고령의 국가유공자와 증가 추세인 경상이자의 삶을 돌볼 수 있도록 승인되고 결집된 평생복지로서의 보훈복지를 필요로 한다.

그래서 "보훈은 복지이고 통합의 상징이다."

2. 보훈은 통합이다

보훈정책은 보건복지, 의료, 사회서비스 보장 체계에서 우선적으로 보장되어야 하는 영구적 제도로, 국가와 지방자치단체는 국가보훈기본법 제22조, 제23조에 명시한 공훈에 대한 선양사업과 보훈문화 창달의 의무가 있다.

휴전 이후 보훈정책과 평화 유지의 노력은 우리가 중심축이 되어 국토의 지정학적 중요성과 지구적 안보를 인식해야 하는 환경에서 국민통합의 주요 과제를 부여한다. 국민통합은 보훈문화와 애국운동을 확산시켜야 하는 당위성에 의거 헌법상의 자유민주적 기본질서, 국방과 병역의무, 평화통일을 위한 합목적적인 국민운동을 촉구한다.

그러므로 보훈복지로 작동하는 국민과 사회의 통합은 보훈문화의 창달, 보훈복지와 군인복지의 기반에 의한 선제보훈 강화, 유공자 단체에의 관심, 보훈복지 인구를 지원하는 통합적인 정책으로 펼쳐야 한다.

이러한 접근을 성공적으로 수행하기 위해서는 우선적으로 새로운 보훈문화의 창달이 필요하다. 국가보훈기본법에 명시한 국가유공자의 공훈과 애국정신을 기리고 예우하는 보훈문화 창달과 공훈선양의 방향은, 애국정신 교육과 시민참여, 보훈 영역에서의 사회봉사 참여에 의한 국민화합의 추구 등을 제시할 수 있다. 특히 지방분권 시대에서 지역을 중심으로 호국정신의 역사성과 항구적인 평안을 가져오는 새로운 보훈문화의 창달을 기해야 한다.

두 번째로는 사회통합의 기제인 보훈의 기능에서 보훈복지와 군인복지 제도를 국가와 국민이 염원하는 선제보훈으로 인식할 필요가 있다. 보훈이 국방과 함께 국민을 통합시키고 국가를 발전시키는 목적이자 전략이 되는 것이다. 대한민국의 보훈과 군인에 관련된 보훈복지의 대상은 호국과 국방, 민주화 등에 관련된 희생·공헌자, 일제로부터의 자주독립, 국가수호, 안전보장, 자유민주주의의 발전, 국민보호 및 공무수행에 관련된 독립유공자, 국가유공자, 보훈보상대상자, 6.25 참전자, 월남전 참전자, 5·18 민주유공자, 고엽제후유의증환자, 특수임무유공자, 제대군인 등을 포함한다.

보훈복지의 상위법으로서 헌법에서는 국방과 병역의 의무를 명시하고, 제32조 제6항에서 국가유공자 및 상이군경, 전몰군경의 유가족에 대해 근로의 기회를 우선적으로 부여할 것을 명시하였다. 한편 군인 복지의 영역에서는 제대군인과 현역군인을 모두 포함하는 복지제도와 이의 근거가 되는 군인복지기본법, 군인복지기금법, 군인보수법, 군인공제회법, 군인연금법, 국군포로의 송환 및 대우 등에 관한 법률, 제대군인지원에 관한 법률, 향토예비군설치법과 제도 등과 삶의 질 보장을 위한 사회보장기본법, 사회복지사업법, 보훈기금법, 군인복지기금법, 한국보훈복지의료공단법, 주택건설촉진법 등의 평생복지 체계에서 보훈복지를 관장한다.

세 번째는 유공자 단체에 대한 관심과 단체 간 자조적인 협력의 중요성이다. 통합의 염원은 유공자 단체 간의 상호협력에 의한 국민통합으로 이룩해야 하고, 평화적 통일을 앞당길 수 있는

화합을 바탕으로 한 애국운동과 헌법정신에 기반한 국민통합 준비가 선행되어야 하는 것이다. 대한민국의 유공자 단체로부터 민관협력과 시민참여 활동으로 애국정신을 기르는 활동을 전개할 수 있으므로, 국가는 민관협력과 시민참여를 촉진하여 유공자 단체의 사업과 활동이 국민통합운동으로 확산되도록 지원하는 사회적 자본의 촉진자 역할을 할 필요가 있다.

화합의 사명을 품은 유공자 단체들은 국가유공자 등 단체 설립에 관한 법률 제14조에서 정치 활동의 금지를 명시하고 있음에 따라, 보훈복지거버넌스는 보훈단체들의 목적사업 이행과 상호교류를 지원함으로써 애국 활동을 활성화하는 기능을 수행해야 한다. 국가유공자단체법의 목적은 민족정기 선양, 애국정신 함양, 자유민주주의의 수호 및 조국의 평화적 통일과 국제평화의 유지에 기여하는 것이고, 또한 참전유공자 예우 및 단체 설립에 관한 법률과 특수임무유공자 예우 및 단체 설립에 관한 법률의 목적은 유공자들의 명예 선양과 국민의 애국정신 함양이기 때문이다.

네 번째로 중요한 통합의 구도는 보훈대상자가 생애 말기까지 보장받을 수 있는 보훈복지 평생사회안전망의 구축이다. 국가유공자 등 예우 및 지원에 관한 법률은 1984년 제정되어 현재에 이르고 있으며, 복지의 수준 향상과 복지급여의 현실화 추세에서 상대적으로 소외된 고령자와 장애를 가진 국가유공자를 위한 예우 체계의 재편에 따른 맞춤형 사회보장제도로 평생복지 체계에서 보훈복지의 실현을 구체화할 수 있다.

보훈복지서비스 전달 체계는 1961년 군사원호청 시대 이후 지방보훈지청과 한국보훈복지의료공단, 보훈복지사, 보훈섬김이에 의한 서비스 제공 체계로 발전하여 작금에 이른 지금, 보훈인구에 대한 주거 기반 보훈복지 통합서비스의 실현과 서비스의 분절을 해소하기 위한 국가보훈조직의 위상 강화와 보건복지 조직의 능동적인 보훈복지정책 개발의 책무가 있다.

남남갈등은 애국정신을 바탕으로 한 나라지킴으로 핵무장 환경을 도태시키는 통합의 보훈문화로 해결될 수 있으며, 보훈복지의 미래는 유공자에 대한 보상과 형평적 복지가 보장되는 사회적 합의와 보훈복지 체계에서 평생복지가 보장되는 글로컬 한국의 국민통합으로 평화적 통일과 전 지구적 평화를 펼치는 시대를 기대할 수 있다.

그렇게 "보훈복지는 국민통합과 세계평화를 가져온다."

3. 보훈은 통일이다

보훈으로 국민통합과 평화적 통일의 문을 열 수 있다. 보훈은 국민과 사회를 통합하는 생명성과 활동성이 있고, 보이는 역사와 보이지 않는 역사의 통합을 지향한다. 독립운동, 참된 자유와 민주주의를 찾으려는 4·19의 정신, 참된 정의를 찾고자 한 민주화 운동의 역사는 보훈이라는 상징 속에서 갈등을 소멸시키고, 자유를 품은 평화를 찾는 국민적 공감, 보훈의 다양한 의미를 받아들이는 국민통합으로 애국의 역사와 통일의 길을 만든다.

통일복지거버넌스는 헌법 전문 제4조에 의한 대한민국의 통일지향, 자유민주적 기본질서에 입각한 평화통일 정책, 국가보훈의 기본이념에 따른 보훈복지거버넌스 구축과 통합을 지향하는 협치로 다가온다. 국가보훈처의 보훈사업은 국가유공자, 제대군인, 경찰과 소방공무원 복지에 관심을 기울이고, 국민의 애국 활동을 장려하며, 광복과 6.25전쟁 및 휴전 이후의 역사에 나타난 보훈정신을 높이기 위하여 사회통합의 기제인 보훈복지서비스를 발전시켜 왔다.

휴전협정 체제라는 잠재적인 분쟁 상태로 화합과 통일을 염원하며 70여 년이 지난 지금, 모두의 통합기제인 보훈복지로 항구적 평화와 통일을 가져와야 한다. 그럼에도 독립유공자, 정전과 관련된 국가유공자의 예우와 지원, 참전유공자의 예우, 유공자단체법 등에 대한 국민들의 인지 수준은 높지 않다. 2005년에 이르러서야 제정된 국가보훈기본법은 개별법에 따라 수행되어 왔던 보훈제도에 관한 총체적인 기본법으로서, 대한민국의 국가보훈정책은 국가보훈기본법의 기본이념을 바탕으로 하도록 국가보훈사업의 목적을 명확화 하였다.

이와 관련하여 국가안보와 국민안전을 목적으로 국민통합을 이루고 평화와 통일시대를 준비하는 과정은, 국가보훈의 기본이념에 의한 민관협력과 능동적인 시민참여를 이끄는 보훈복지거버넌스의 역할이 관건이다.

애국심 함양과 보훈의식의 고취, 보훈대상자의 복지권 보장, 통합과 통일 준비 모두를 통합하는 지원 체계의 중심적 역할은 보훈복지거버넌스에서의 협력과 연계의 여건을 조성하고 시민참여 확대를 위한 사회적 합의를 위해 노력하는 것이다.

국민통합과 남남갈등의 해소는 이동의 자유 보장 차원에서 국토의 자유왕래를 촉구하면서 글로벌 한국의 보훈복지 통합과 국난 극복의 새로운 역사로 나타날 것이다. 다양한 보훈의 명제가 통합과 통일을 위한 기본 토대로서, 남과 북의 화합과 합의를 이

끌어내는 동력이 되기를 기대하는 것은 보훈의식을 바탕으로 한 보훈복지거버넌스에서 한반도의 평화를 위하여 자유로이 오가는 통일복지거버넌스로 진전하는 과정이라고 할 수 있다.

보훈은 통일이고 통일은 하나이며, 보훈복지는 하나가 되도록 하는 통합의 상징이다.

"보훈은 통합으로 통일을 여는 문이다."

복지에는 날개를,
보훈은 비상을

김 종 우_ 서정대학교 글로벌융합복지학과 교수

사람은 누구나 행복한 삶을 꿈꾼다. 국가는 모든 국민들이 행복한 삶을 꿈꾸며 살 수 있는 사회를 건설하기 위해 노력한다. 이를 복지라고 한다. 국가는 또한 국가를 위해 신체적·정신적 헌신과 공헌을 한 사람들을 보상하고 명예를 존중하는 사업을 펼친다. 이를 보훈이라고 한다. 복지나 보훈 모두 행복한 삶을 추구하는 목표는 같다. 복지를 배제한 보훈은 그 가치를 상실한다. 복지에 날개를 달고 보훈은 비상을 위해 준비한다면 결국 모두가 원하는 행복한 삶의 종착지에 다다를 수 있다.

1. 행복한 삶을 꿈꾸며

행복한 삶이란 무엇일까? 옛말에 '가난은 나라님도 구제하지 못한다'란 말이 있다. 잘 살고 못 사는 것이 다 전생의 업보요 자기 팔자라고 생각했고, 그래서 개인의 불행은 가족이 책임져야 한다고 생각했다. 만약 사람이 태어나서 질병에 시달리고 가난에 굶주리면서 신체적 불편함을 가지고 일생을 보내야 한다면 얼마나 불행할까? 사람이 스스로 선택해서 태어난 것은 아니지만 아마도 태어난 것을 후회하게 되지 않을까? 우리나라 헌법 제10조는 "모든 국민은 인간으로서의 존엄과 가치를 가지며, 행복을 추구할 권리가 있다."라고 규정하고 있다. 사람은 태어나는 순간부터 누구나 행복하게 살 권리가 있다는 뜻으로, 이를 행복추구권이라고 한다. 이것은 인간이라면 누구나 누려야 할 천부의 권리이다. 그런데 주변의 여건이나 환경 등으로 인해 그렇지 못한 삶을 살아간다면 이들을 위해 최소한의 행복한 삶을 보장해줄 주체가 필요한데, 그것은 바로 국가라 할 수 있다.

현대인들은 과거에 비해 일보다는 자기 자신과 가족의 행복한 삶을 무엇보다도 중요하게 여기며 살아간다. 그래서 일을 쉬거나 줄여서라도 가족과 함께 여행도 가고 취미 활동을 하는 등 좀 더 행복한 삶을 위해 힘쓴다. 이와 같이 행복한 삶을 누리는 데 필요한 제도와 환경을 복지라고 한다.

복지는 인간이 살아가는 동안 인간다운 삶을 영위하기 위하여 꼭 필요한 영역이다. 그렇기에 복지는 다양한 규모와 형태로 나타난다. 장애인복지, 여성복지, 아동복지, 노인복지, 보훈복지 등 복지는 우리 삶의 전 영역에 스며들어 좀 더 나은 삶을 추구하기 위한 목적으로 사용된다.

사회복지가 인간의 더 나은 삶을 추구해 가기 위한 사회적 노력이라고 한다면, 보훈복지는 보훈대상자가 필요로 하는 복지 요구(Needs)를 해결하기 위한 사회적 노력이라고 할 수 있다. 사회복지가 일반 국민 모두의 복지 향상을 위해 힘쓰는 것이라면, 보훈복지는 보훈대상자들에게 양질의 복지 서비스를 제공하여 그들이 국가를 위해 헌신하는 과정에서 얻게 된 신체적 후유증을 잘 극복하고 더 나아가 건강하고 행복한 삶을 유지할 수 있도록 보장하기 위한 것이라고 할 수 있다.

이와 같이 복지는 윤택한 생활과 안락한 환경이 어우러져 행복을 누릴 수 있는 상태이며, 삶의 질이 최선의 상태로 보장되는 것을 의미한다고 할 수 있다. 그런 점에서 국가는 국민들의 복지 증진을 위해 노력한다. 노동자의 권익을 보호하고 국민들에게 다양한 복지를 제공하는 것을 중요한 가치로 여긴다. 국가는 국민들의 복지 증진을 위한 여러 제도를 통해 국민의 기본적인 생활수준을 보장하기 위한 노력을 하게 되는데 이를 사회보장제도라고 한다.

사회보장제도를 국민에게 적용할 때 가장 논란이 되는 것이 급여를 받을 수 있는 자격문제이다. 가난한 사람이나 몸이 불편한 사람들, 특별히 원만한 생활을 영위하기 어려운 사람뿐만 아니라, 모든 사회 구성원들이 사회복지 급여의 대상이 될 수 있다고 주장하는 것은 보편주의 입장이다. 이들은 광범위한 집단 모두에게 급여를 제공함으로써 얻을 수 있는 정치적인 이점을 추구한다. 또한 국민들을 받는 자와 받지 못하는 자로 나누지 않음으로써, 받는 자를 낙인으로부터 벗어나게 할 수 있으며 이를 통해 인간 존엄성을 수호하고 사회 통합을 이루는 효과를 기대할 수 있다고 강조한다.

반면, 한정된 자원을 효율적으로 사용하기 위해 자산 상태를 조사하여 지원을 필요로 하는 자들에게 사회복지를 집중적으로 제공하는 것이 비용 대비 효과가 크다고 주장하는 것이 선별주의 입장이다. 모든 사람에게 폭넓게 복지를 제공하느냐 아니면, 선별된 소수에게 집중된 복지를 제공하느냐의 문제는 오래전부터 입장이 대립하여 온 사안이다. 그렇기에 어떤 주장이 일방적으로 옳거나 그르다기보다 사안에 따라 선택적으로 적용할 문제이다.

이러한 논쟁은 보훈복지에 있어서도 그대로 재현된다. 한정된 예산과 형평성 때문에 국가 수호를 위해 희생한 국가유공자들의 희생의 정도를 구분하여 등급별 보상을 하고 등급에 따라 그 희생의 가치를 나눈다. 희생의 정도가 같을 수는 없다 하더라도 등급별 차등의 보상은 그 희생의 당사자에게는 큰 상처로 다가온다.

모병제를 시행하는 미국에서는 군복무 자체만으로도 희생으로 인정된다고 한다. 이에 비해 우리는 국가를 위한 희생이나 군복무 중의 부상의 정도를 기준으로 등급을 구분한다. 형평과 적절한 보상을 위해 등급을 구분하지만 이에 만족하지 못하는 희생의 당사자는 크게 낙담한다. 신체의 부상 정도를 가지고 나라에 대한 희생의 깊이를 구분하여 큰 차등을 두어 보상하는 것이

과연 옳은 선택일까?

나라를 위한 희생이나 부상의 정도 여하에 따른 등급별 보상은 또 다른 의미의 형평을 위해 불가피 할 수도 있겠지만 그 경중의 구분에 큰 차등을 두어서는 안 된다는 의미이다.

보훈은 나라를 위한 개인의 희생에 보답 한다는 의미가 있다. 그렇기에 그 희생이 눈에 보이는 부분으로만 평가되어서는 안 된다. 신체적 희생보다 더 고귀한 정신적 희생의 가치는 평가 대상에서마저 빠져 버리기 때문이다.

신체적 희생 못지않게 정신적 희생의 가치도 존중되어야 한다. 이 가치가 존중되고 평가받을 때 비로소 건강한 보훈문화가 싹 틀 것이며, 이것이 우리 보훈의 미래를 이끌어갈 지향점이 되어야 하지 않을까?

2. 함께! 또 함께! 미래를 향해

'보훈'이란 말은 귀에 익숙한 용어지만 평소에 많이 사용하는 용어는 아니다. 보훈이라는 용어가 '호국보훈의 달'인 6월에 집중되어 사용되다가 시간이 지나면 슬며시 우리 주변에서 사라지는 단어이기 때문이기도 하다.

보훈은 '국가보훈'을 줄인 표현으로 '공훈에 보답함'의 의미이다. 따라서 '국가보훈'은 나라를 위해 두드러지게 세운 공로에 보답한다는 의미이다. 이런 점에서 '국가보훈'은 국가를 위해 희생하고 공헌한 사람들의 정신을 기억하고 선양하며, 이를 정신적 토대로 삼아 국민통합과 국가 발전에 이바지하기 위한 활동이라고 할 수 있다.

이와 같이 보훈은 국가 위기 시에 국가의 존립을 위해 공헌한 사람들에게 상을 주어 감사를 표하고, 그들의 공적을 드러내서 국민이 따라야 할 모범 사례로 제시한다. 국가공동체의 구성원이 희생을 통해 지키고자 하는 대상은 매우 숭고한 것이며, 정치공동체 구성원이 동의하는, 반드시 지켜야 할 가치와도 관련된다. 일제강점기 당시의 독립운동이나 6.25 참전과 같은 사건이 아니더라도 천안함 피격 사건과 연평도 사건 등에서 국가와 국민의 안녕을 수호하기 위해 목숨 바쳐 희생한 것은 국민 모두와, 또 그 국민을 대변하는 국가가 책임지고 기려야 할 숭고한 가치라 할 수 있다. 이와 같이 보훈은 국가를 위해 목숨을 바치거나 부상을 당한 사람들과 그들의 가족들을 기억하고, 생활을 돕고, 명예롭게 하는 정책이며, 이들을 위한 여러 가지 보훈정책은 국가가 보훈대상자를 기억하고 있음을 '실질적으로나 상징적으로 드러내는 행위'라 할 수 있다.

우리 민족은 5천 년의 역사 속에서 끊임없이 벌어진 수많은 외침으로부터 나라를 지키기 위한 많은 희생이 있었다. 역사적으로도 그렇게 희생한 사람들에 대한 보은 정책이 추진되어 왔다.

우리나라에서 본격적인 보훈정책이 시행된 것은 1984년에 원호처를 국가보훈처로 개칭한 때부터라고 할 수 있다. 물론 1962년에 원호처가 설립된 이후 국가유공자 선정 작업 등 보훈과 관련한 정책이 존재했지만, 이때부터 본격적인 보훈복지가 실시된 것으로 보는 것이 일반적이다. 이전과 달리 국가유공자에 대한 물질적 생계 보장과 보상 그리고 국가유공자에 대한 존경의 개념과 관련된 윤리적 당위성을 구분하였기 때문이다.

국가보훈처 출범 이후 우리나라의 보훈정책은 원호의 기본개념을 국가보훈으로 재정립하였고 단순한 보상 차원의 물질적 예우 수준을 넘어 존경과 추앙 중심의 정신적·사회적·상징적 차원으로까지 예우를 확장하였다. 나아가 국가유공자의 대상 범위를 확대하고 후손이 없어 물질적 지원 대상에서 누락했던 순국선열은 물론, 생활이 안정된 무공수훈자를 대상에 포함시켰으며, 더나아가서는 국가 발전을 위해 특별히 공로를 세운 순직자와 상이자, 공로자 등도 포함하게 되었다.

2017년 새로운 정부가 들어서면서 국가보훈의 의미를 새롭게 하기 위해 국가보훈처는 장관급 기구로 승격되었고 국가유공자의 예우 확대를 천명하게 되었다. 이후 '국가의 헌신을 잊지 않고 보답하는 나라'라는 취지에 맞춰 보훈 보상 체계를 강화하였으며 국가보훈처에서는 국가유공자와 그 후손에 대한 '최상의 보상과 예우' 그리고 '따뜻한 보훈정책'을 추진하고 있다.

이와 동시에 국가 차원에서 국가유공자에 대한 보상과 지원을 제도화하는 것뿐만 아니라, 비제도적 차원에서도 국가유공자가 자신들의 희생에 자긍심을 갖고 사회적 존경을 받을 수 있는 사회문화적 풍토와 분위기를 조성해 나가는 노력도 병행하고 있다.

하지만 최근까지의 국가유공자 처우 개선과 예우 확대 노력은 '영예로운 생활유지' 등과 같은 금전적 보상과 물질적 지원에 초점이 맞춰진 것으로 보인다. 이런 점에서 국가유공자의 국가를 위한 희생정신의 선양과 애국심 함양 그리고 이를 통한 사회 통합의 정신적 가치에 대한 평가는 제대로 이루어지지 않고 있는 것 같다. 국가유공자에 대한 바람직한 처우 개선을 위해서는 '명예'를 강조한 예우 중심의 보훈보상 체계를 구축하고, 국가유공자를 일상적으로 존경과 예우로써 대하며, 그들에게 감사를 표하는 사회 문화적 환경을 조성하는 정책 방안이 요구된다.

국가유공자에 대한 처우 개선뿐만 아니라 명예를 강조한 예우 중심의 보훈정책을 펼치는 대표적인 나라로 미국과 영국을 들 수 있다. 미국의 경우 상이 제대군인에게는 특별한 차량번호판을 제공하여 국가에 대한 공헌과 희생 정도에 따라 차별적으로 예우하고 있다. 주요 이동수단인 차량에 제대군인 전용 번호판을 부착함으로써 제대군인은 이동 시 자신이 국가에 이바지했다는 정체성을 어디서든 드러낼 수 있다. 또한 제대군인 차량번호판을 보면 경례를 하거나 존경을 표하는 문화가 자리하고 있어, 제대군인의 자긍심을 고취하는 역할도 한다.

영국 또한 추모의 양귀비와 양귀비 마라톤을 통해 참전용사를 추모한다. 추모의 양귀비는 전쟁 또는 분쟁에서 사망한 참전 군인을 추모하는 의미를 담고 있는데, 영령기념일(Remembrance Day) 기간이 되면 길거리에서 쉽게 구매할 수 있다고 한다. 국민이 추모의 양귀비를 옷에 부착하여 국가유공자들을 추모한다는 점에서 유공자들은 자긍심을 느낄 수 있고 국민들은 유공자들을 존경하는 마음을 갖게 된다. 매년 행사 기간이 되면 전국적으로 500만 개의 배지가 생산된다고 한다. 또한 이러한 행사의 일환으로 수천 명의 사람들이 추모의 양귀비를 달고 마라톤에 참가하여 뛰거나 걸으면서, 참전군인의 재활을 위한 기금을 마련하는 양귀비 마라톤(Poppy run) 행사도 있다. 이와 같이 국가유공자의 희생에 합당한 물질적 보상과 삶의 질 제고는 물론 정신적 명예를 통합한 한층 '격조 있는 명예로운 예우' 패러다임이 우리에게도 절실히 필요하다.

우리나라에서도 최근 들어 이와 같은 방향의 노력이 시행되고 있다. 국가유공자의 집에 문패 달아주기 등과 같은 노력을 통해 국가유공자들이 자긍심을 가지고 생활할 수 있도록 다양한 예우 방안을 추진하고 있지만, 그 실효성에 대한 의견은 갈리고 있다. 국가유공자에게 영예로운 생활수준을 보장해 주는 물질적 보훈 보상 정책과 함께 사회공동체 차원에서의 집단적 존중의식, 그리고 감사 행위가 결합한 예우로 의미를 확장하는 것이 국가유공자와 우리가 함께하는 진정한 의미의 보훈이라고 본다.

이와 더불어 국가유공자에 대한 예우 문화 확산으로 소위 'MZ' 세대라고 하는, '밀레니얼 세대'와 'Z세대'를 포함한 미래의 모든 세대와 함께 국가 유공에 대한 정신 함양에 기여하고 지속 가능한 발전을 통해 사회적 가치 및 정신적 기반을 창출하는 계기가 될 수 있기를 기대한다.

3. 넘어져도 괜찮아, 다시 일어서면 되니까

우리나라는 36년간의 일제강점기에서 해방을 맞았다. 그러나 그 직후에 남북이 갈린 채 남한과 북한에 각각 단독정부가 수립되었으며, 이후 얼마 되지 않아 6.25가 발발했다. 그리고 3년 뒤 휴전이 되었지만 6.25가 남긴 상처는 너무나도 컸다. 수많은 사람이 죽거나 부상당했으며, 집과 산업시설은 파괴되었고, 수백만 명의 이산가족이 생겨났다. 그 외에도 6.25로 인한 피해는 이루 말할 수가 없다. 이러한 어려움을 딛고 폐허의 잔해 속에서 우리는 오뚝이처럼 다시 일어섰다. 민족과 국가를 위한 마음으로 일치단결하여, 세계에서 그 유례를 찾기 어려울 정도로 빠른 시일 내에 고도성장을 이루어 냈다. 하지만 고도성장의 그늘에서 급격한 도시화에 따른 사회 양극화가 동시에 진행되었다. 사회 발전의 방향을 둔 이념 대립과, 가진 자와 못 가진 자의 대립은 사회통합에 큰 걸림돌이 되었으며, 고도성장의 주역이던 베이비부머 세대의 고령화는 우리 사회에 또 다른 사회문제로서 세대 갈등을 야기하고 있다. 이와 같은 상황에서 저소득 노인들의 최소한의 소득을 보장하기 위한 기초연금이 주목받고 있다.

기초연금은 우리나라가 급격하게 산업사회로 전환하는 과정에서 스스로 자신의 노후를 제대로 준비하지 못한 노인들에게 최소한의 연금을 지급함으로써 노후의 안정적인 소득기반을 제공하여, 생활안정을 지원하고 복지를 증진할 목적으로 도입되었다. 2007년 국민연금 개혁 당시 국민연금 소득대체율* 하락으로 연금액이 저하되는 것을 보완할 목적으로 국민연금 A값**의 5%를 지급하는 기초노령연금으로 시작되었지만 이후 2014년 기초연금으로 명칭이 바뀌면서 연금액도 인상되어 시행되고 있다. 기초연금은 65세 이상의 모든 노인들에게 지급되지 않고, 상대적으로 생활이 어려운 소득하위 70%에 해당하는 노인들에만 지급되고 있으며, 조세를 통해 재원을 조달하고 있다.

이에 비해 보훈급여금은 국가를 위해 특별한 희생과 공헌을 한 사람들에게 지급되는 보상금으로 일제로부터의 독립운동이나 6.25 참전 용사, 민주화 유공자와 같이 국가를 위한 공헌에 대

---

* 소득대체율은 국민연금 가입기간이 40년이고 본인의 평균소득이 연금수급 전 3년동안 전체가입자의 평균소득과 같다는 가정하에 본인의 평균소득대비 연금수령액의 비율을 의미함.
** 국민연금 A값 : 국민연금 전체 가입자의 평균소득을 3년간 평균한 값을 의미, 2020년 A값은 2,438,679원

한 보훈으로 지급되고 있다. 보훈급여금은 1급 1항에서 7급까지 11개 등급으로 구분하고 있는데 상이 1급 1항 본인의 경우에는 독립적 생활이 불가능한 중증의 상태로, 간병하고 생활할 수 있는 정도의 보상금이 지급되고 있으나, 6급, 7급으로 갈수록 기초생활에 큰 도움이 되지 않을 정도의 소액의 보상금만이 지급*되고 있어 이들의 노후 소득 보장 문제가 보훈급여의 새로운 문제로 대두되고 있다. 이에 따라 이들의 최저생계를 보장하기 위해 물가상승률 등을 감안하여 해마다 보상금 등을 인상하고 있으나 보상금 인상이 기초연금 수급에 걸림돌로 작용하는 문제점이 발생하고 있다. 보상금이 기초연금 수급 대상 선정 소득에 포함됨으로써 기초연금액의 감소 또는 대상 탈락으로 인해 노년기의 빈곤 국가유공자의 생활개선 효과가 거의 이루어지지 못하는 것이다.

이와 같이 보훈급여금을 받는 국가유공자는 대부분 기초연금을 받을 수 없다는 점이 논란이 되고 있다. 현행법은 기초연금의

---

* 국가유공자 및 보훈보상 대상의 상이자는 1급 1항부터 7급까지 총 11등급으로 구성되어 있는데 보훈급여금은 1급 1항 기준으로 1급 2항은 83.5%, 7급은 8.8%수준임.

수급권 여부를 결정하는 소득의 범위를 대통령령에 위임하고 있는데, 시행령에는 '국가유공자 등 예우 및 지원에 관한 법률' 등에 따라 정기적으로 지급되는 각종 수당 등을 소득의 범위에 포함하도록 하고 있으며, 생활조정 수당 등 일부 수당만을 예외적으로 소득의 범위에서 제외하고 있기 때문이다.

기초연금과 보훈급여금은 사회보장과 보훈복지의 영역으로 모두 대상자의 기본생활을 지원하는 급여라는 공통점이 있다. 다만, 기초연금은 노후 준비 부족으로 공적연금의 사각지대에 있는 모든 노인들 중에서 대상자를 선별하는 반면, 보훈급여금은 국가를 위해 특별한 희생과 공헌을 한 사람을 대상으로 한다는 점에서 극명한 차이를 보인다.

기초연금은 사회보장제도의 세 가지 영역, 즉 사회보험과 공공부조, 사회서비스 중 공공부조의 영역에 속한다. 사회보험이 본인의 기여를 바탕으로 급부가 실현되는 반면에, 공공부조는 생활 유지 능력이 없거나 생활이 어려운 자에게 국가나 지방자치단체의 비용으로 필요한 보호를 행하고 이들의 최저생활 보장과 자립을 촉진하기 위해 무기여로 운용되는 보호제도이다. 이와 같이 기초연금은 노후 준비 부족으로 생활이 어려운 노인들에게 최소한의 소득보장의 일환으로 시행되는 것이라고 볼 수 있다.

기초연금을 수급하기 위해서는 대상자의 소득과 재산의 소득 환산액 등을 합산하여 선정기준액*을 넘지 않아야 하는데, 보훈 급여금 대상자의 경우 보상금이 기초연금 산정의 대상이 되는 소득에 포함됨으로써 선정기준액을 초과하는 경우가 발생하여 기초연금 대상자 선정에서 탈락하는 일이 발생하는 것이다.

이에 따라 기초연금제도의 소득 산정 시 국가유공자의 보상금 이 전액 소득으로 포함됨으로써 발생하는 보훈정책의 효과 감소 및 형평성 문제 등을 해결하고, 사회복지제도 발전 과정에서 국 가보훈대상자의 공헌과 희생이 부당하게 외면당하는 상황을 개 선하는 방안을 마련할 필요가 있다.

복지는 모든 사람들의 행복한 삶을 위해 삶의 질을 높이고 생 활에 곤란을 겪는 서민을 보살피는 정책을 우선 목표로 한다. 그 런 의미에서 기초연금을 모든 노인들에게 지급할 수 있다면 좋 은 일이겠지만, 한정된 재원으로 인해 일부에게만 지급되고 있 는 실정이다. 문제는 생활이 어려운 독립유공자나 상이 국가유

---

* 선정기준액은 기초연금을 지급받을 수 있는 기준이 되는 금액으로 전체 노 인의 소득과 재산, 임금과 물가상승률 등을 종합적으로 반영하여 기초연금 수급자가 70% 수준이 되도록 설정한 금액임. '20년 기준 선정기준액은 일 반수급자의 경우 단독가구는 월 148만 원, 부부가구는 월 236만 8천 원임.

공자들의 처우를 위해 보상금이나 수당 등을 인상한다고 해도, 대부분이 전액 소득에 포함되어 이로 인해 기초연금을 수급하지 못하는 사례가 빈번하게 발생하여 보훈급여금 인상의 효과가 상쇄된다는 점이다. 최근 각 지자체에서도 고령화로 인한 소득 감소로 생활에 어려움을 겪는 국가유공자들의 복지를 증진하기 위해 수당을 인상하고 있지만 유공자 수당이 기초수급자나 기초연금 대상 산정 소득으로 인정됨에 따라 인상된 만큼 생계급여가 감액되어 저소득 국가유공대상자들의 허탈감은 커져만 간다고 한다.

보훈처의 생활조정 수당 등 일부 수당은 국가유공자 예우 차원에서 기초연금 대상을 산정하는 소득인정액*에서는 제외되지만 생활수당은 금액이 크지 않아 그 효과는 미미하다. 오히려 지자체에서 지급하는 유공자 수당 등을 소득으로 인정함에 따라 빈곤한 노인층 국가유공자의 생활을 더욱 어렵게 하고 있다. 또한 국가를 위한 희생에 대한 보상인 각 보훈법령상의 보상금이 기초연금 대상 선정의 기준이 되는 소득인정액의 범위에 포함됨

---

* 소득인정액은 기초연금 수급자 선정기준인 소득을 의미하는 것으로 대상자의 소득평가액과 재산의 소득환산액을 합산한 금액임.

으로써 해당 보상금을 수급하는 전상군경 등이 기초연금 수급권자에서 제외되는 실정이다.

한정된 재원으로 빈곤 노인층을 보호해야 한다는 의미에서 대상자 선정에 있어 신중하게 접근하는 것은 필요하지만, 보훈급여보상금 수급자는 국가를 위해 희생하거나 공헌한 자이거나 그 유족과 가족으로서 사회적으로 특별한 예우와 지원이 필요한 대상이라고 볼 수 있다. 이런 점에서 기초연금 등의 일반 복지를 보훈보상과 같은 선상에 두고 중복 급여를 제한하는 것은 곤란하다. 보훈보상은 일반복지와 달리 나라를 위한 희생이 전제되었기 때문이다. 그러므로 보훈보상이 일반복지의 토대 위에 추가적인 예우와 소득 안정 효과에 기여할 수 있는 기준을 재설정할 필요가 있다.

나라를 위해 희생한 국가유공자들이 생활에 어려움을 겪게 해서는 안 된다. 고령화와 생계곤란으로 인해 쓰러져 힘들어 하는 이들을 다시 일으켜 세워야 한다. 이른 시일 내에 보훈급여금 수급자 중 생활에 어려움을 겪는 국가유공자들의 기초연금 수급권이 확보되어 국가를 위해 헌신한 이들의 노후생활이 두텁게 보호되기를 기대한다.

4. 〈기생충〉, 양극화, 보훈의식

1970년대 초·중등학교를 다니던 시절 매년 봄이 되면 학교에서 구충제를 받았다. 그때는 전반적인 국민 위생이 좋지 않았던 시절이라 대부분의 학생들에게 기생충이 있었고, 매년 봄 채변봉투를 제출한 후 확인된 기생충의 종류에 따라 학교에서 구충제를 받아 복용했다. 담임 선생님이 학생들이 보유한 기생충의 종류를 얘기하면서 구충제를 전달하면 학생들 사이에서는 웃음과 소란이 가시지 않았다. 채변봉투를 제출하기 싫었던 학생 중 일부는 다른 형제 것을 제출하거나 동물의 변을 제출하기도 했다. 이제는 옛 추억마저 희미해지는 이때 〈기생충(parasite)〉이라는 영화가 세상을 들썩이게 했다.

봉준호 감독의 영화 기생충은 세계적으로 큰 반향을 일으키며, 우리나라에서는 모처럼 천만 관객을 불러 모았다. 그뿐만 아니라 칸 국제영화제 황금종려상을 비롯해 미국의 제92회 아카데미상 시상식에서 작품상과 감독상 등 4개 부문을 수상하며 전 세계 영화팬을 놀라게 했다. 영화 〈기생충〉은 상류층과 하류층 두 가족의 만남에서 빚어지는 사건을 그린 블랙코미디물이다.

아버지(기택)가 사업에 실패한 후 가족 전원이 백수가 된 상태에서 반지하 주택에 거주하며 피자 포장재를 접어 생활을 유지하고 있는 기택이네 가족. 어느 날 가족 중 장남인 기우가 기업가 CEO의 딸 과외를 맡게 되면서 자연스럽게 그의 집에 드나들게 되고, 기택의 가족들은 서로 가족이라는 관계를 숨긴 채 차례로 그 집에 고용인으로 취직한다. 그때부터 기택의 가족은 마치 기생충처럼 그 집에 기생하여 살아가면서 숙주인 그 집을 파멸로 몰아간다.

이 영화는 우리나라 산업화 과정에서 야기된 양극화의 양상을 극명하게 보여준다. 무엇 하나 부족할 것이 없는 기업 CEO 가정과, 비가 오면 물이 넘치고 와이파이가 잡히지 않는 반지하 작은 방에서 네 식구가 합숙하듯 살아가는 서민층 기택의 가족의 삶이 극적으로 대비된다. 반지하이기에 겪을 수밖에 없는 온갖 궁상, 비에 젖지 않는 CEO 가정의 고급 장난감 텐트에 비해, 비에 젖다 못해 비에 잠기는 반지하 가구의 모습 대도시의 하층 서민이라면 누구나 한번쯤 겪었을 법한 장면으로 친숙하게 다가온다. 같은 나라 같은 하늘 안에 살면서 어떻게 이렇게 살아가는 모습이 다를 수가 있을까?

국가는 국민들이 누구나 차별 없이 평등하게 잘 살 수 있는 정책을 펼치기 위해 노력한다. 국민들의 복지 향상을 위한 정책을 펼치고, 국민 누구나 행복한 생활을 할 수 있도록 지원한다. 하지만 이러한 노력에도 불구하고 경제적 양극화는 해소되기는커녕 그 격차가 점점 더 심화되어 간다. 중산층이 붕괴되고 대기업에 비해 열악한 중소기업의 경영 환경 등으로 양극화 문제는 좀처럼 해결의 실마리가 보이지 않는다.

국가는 양극화를 해소하기 위한 방안으로 부를 재분배하는 정책을 펼친다. 부의 재분배는 양극화를 해소하기 위한 필수적인 방안이지만 사회 부유층에서 '노블레스 오블리주'를 실천하는 모습을 찾기 어려운 상황에서는 이 또한 쉽지만은 않다.

결국 양극화를 해소하기 위해서는 사회적 약자를 배려하는 제도와 문화가 자리 잡아야 한다. 일부 대기업들이 시행하는 기업 이윤의 사회 환원은 양극화를 해결하기 위한 하나의 방안이 될 수 있다. 가난해서 공부를 하고 싶어도 계속 할 수 없는 학생들을 위해 장학금을 내놓기도 하고, 어려운 이웃을 돕기 위해 거액을 기부하기도 한다. 또 경제 환경이 어려운 환자들의 의료비를 지원하기도 한다. 기업(인)뿐만 아니라 일반인 중에서도 다른 사람을 위해 자기의 재산을 내놓는 경우도 종종 볼 수 있다.

서구 사회에는 기부문화가 일반화되어 있다고 한다. 나보다 어려운 사람을 위하여 내가 가진 것을 나누는 것을 당연시하는 풍토가 조성되어 있는 것이다. 이는 소수의 사람이 많은 돈을 어려운 이웃을 위해 사용하는 것보다 많은 사람들이 조금씩 나눔으로써, 공감대를 확장하고 사회 전반의 분위기로 정착시킨다는 점에서 더 의미가 있다고 할 수 있다.

사회적 약자를 배려하는 것으로서 대표적인 것 중의 하나가 보훈정책이다. 보훈은 국가에 대해 공적이 있는 이에 대한 보상이기도 하지만, 그중에서 국가적 업무 또는 공공성 있는 업무나 사안으로 인하여 상이(傷痍)를 입음으로 인해 사회적 경제적으로 약자가 된 '국가유공자'를 배려하는 것이 중요한 업무이기 때문이다. 이러한 보훈은 국가의 정책적 배려도 중요하지만, 전 국민적인 공감대 속에서 진행되는 것이 무엇보다 중요하다." 이를 위해 현재 정부에서는 국가를 위해 헌신한 사람들을 위한 다양한 보훈정책을 펼치고 있다. 국가나 사회를 위해 순국·순직한 유공자의 유가족을 보살피고, 상이자가 된 국가유공자를 위해 보상금을 지급하고 우대하며 각종 혜택을 제공하는 다양한 정책이 시행되고 있다. 국가를 위해 헌신한 유공자의 직계 가족을 대학 입학이나 취업에서 우대하는 제도도 시행하고 있다. 그런데 이러한 우대정책이 사회복지의 기초가 되는 보편적 평등에 위배된다는 주장을 하는 사람도 있다. 한때 남자가 병역을 마치면 공무원 시험 등에서 가점을 주는 제도가 시행된 적이 있었다. 하지만 이마저도 평등에 위배된다는 이유로 위헌 판결을 받아 이제는 사라졌다. 국가유공자에 대한 우대 정책을 바라보는 시각도 이와 같을까? 국가유공자 또는 그 자녀에 대한 대학입학이나 취업 등에서의 일부 우대정책을 특별한 대상으로 바라보는 시각이 있다면 이를 어떻게 이해해야 할까?

만약 그들에게 부당한 특혜를 제공하는 것이라는 시각이 있다면, 국가유공자의 그 유족들에게 또 다른 상처를 줄 수 있고, 이는 국가를 위한 희생에 상처로 남게 된다. 그들은 국가와 국민을 위한 활동 중에 희생되거나 상처(상이)를 입게 된 우리 국민이자 보훈 가족으로서 배려받아야 하는 대상이라는 관점으로 바라보아야 한다. 그들은 나라를 지키고, 나라를 되찾고, 나라를 나라답게 만들어가는 과정에서 희생되었거나 장애를 갖게 된 분들과 그 가족들이다. 우리는 가족을 이 세상을 살아가면서 지켜야 할 최고의 가치로 생각한다. 보훈 가족 역시 우리가 사랑으로 감싸고 보듬어야 할 우리의 가족이 아닐까? 보훈 가족이 국민들로부터 존경받고 예우받을 수 있는 따뜻한 보훈, 가족 같은 보훈으로의 인식 개선이 필요하다.

평등은 권리나 의무, 자격 등이 차별 없이 고르고 한결같음을 의미하는 말이다. 하지만 이 평등의 의미에도 세 가지의 형태가 있다. 기회의 평등과 조건의 평등, 결과의 평등이 그것이다. 우리가 흔히 말하는 평등은 기회의 평등이다. 누구나 차별받지 않고 공평하게 사회적 재원에 접근할 수 있는 평등이다. 기회의 평등은 조건의 평등을 수반한다. 이러한 평등은 당위적인 가치이기는 하지만 현실은 항상 이상과 거리가 있게 마련이다. 최근 회자되는 금수저와 흑수저 논쟁은 현재 우리 사회에 뿌리 내린 불평등의 양상을 짐작하게 한다. 이러한 현실 속에서 국가와 사회는 조건의 평등을 달성하기 위한 노력을 계속하고 있다. 그러나 국가는 조건의 평등을 이루기 위해 많은 복지정책을 쏟아내고 있지만, 격차는 더 심화되고 있다.

결과의 평등은 궁극적인 평등의 시발점이다. 국가를 위해 희생과 헌신을 다하다가 희생된 (조)부모로 인해 심리적으로나 현실적으로 고통을 겪은 직계 자녀나 후손에게 교육이나 취업 기회를 우대하는 것은 조건의 불평등을 상쇄하는 과정이다. 결과의 평등을 인정하지 않는다면 기회의 평등은 무의미해지기 때문이다.

국가를 위한 희생에 대한 결과의 평등을 기회의 평등을 갉아먹는 기생으로 받아들이는 사람이 있다면 '역지사지'의 의미를 생각할 필요가 있다. 만약 당신이, 당신의 가족이 나라를 위한 고귀한 희생이 있었을 때도 결과의 평등을 받아들이기 어려웠을까?

5. 잔느 깔망, 그는 누구인가?

세계에서 가장 오래 산 사람은 몇 살까지 살았을까? 그 해답은 기네스북에서 찾을 수 있다. 기네스북은 세계의 진기한 기록들이 수록되어 있는 책이다. 이 책을 보면 세계에서 가장 오래 살았던 사람은 프랑스에서 태어난 잔느 깔망이라는 할머니다. 잔느 깔망은 1875년에 태어나 1997년에 사망했다. 만 122세 164일을 사신 분으로, 아직까지 세계에서 가장 장수한 분으로 기네스북에 기록되어 있다.

잔느 깔망 할머니에 대한 재미있는 일화가 있다. 잔느 깔망 할머니가 90세가 되었을 때 할아버지도 돌아가시고 가까운 가족도 없었다. 남은 유산이라고는 달랑 집 한 채. 할머니는 생계가 막막했고 하는 수 없이 가까이 살고 있던 변호사를 찾아갔다. 할머니가 변호사에게 제시한 조건은 최저한의 생활이 가능한 월 2,500프랑, 우리 돈으로 50만 원 정도였다. 살아 있는 동안 매월

50만 원씩 생활비를 지불하고 대신 할머니가 사망하면 집의 소유권을 넘기는 조건으로 거래를 제안했다. 당시 변호사의 나이는 47세. 할머니는 90세. 당시 할머니의 집값은 우리 돈으로 1억 원 정도였다. 여러분이라면 어떤 선택을 하겠는가?

변호사는 당연히 이 조건을 받아들였다. 할머니가 100세까지 사신다고 하여도 10년간 지불할 돈은 6,000만 원. 4,000만 원 정도가 남는 거래였기 때문이다. 그런데 변호사는 77세 때 먼저 세상을 떠났다. 당시 할머니는 120세였지만 살아 있었다. 할머니는 그로부터 2년을 더 살다가 122세 때 세상을 떠났다. 할머니 사망 후 변호사의 가족들은 할머니 집의 소유권을 넘겨받을 수 있었다.

대신 할머니가 사망할 때까지 지불한 생활비는 우리 돈으로 2억 2천만 원. 집값의 두 배가 넘는 금액이었다. 이 재미있는 일화는 최근 급속하게 진전되고 있는 고령화가 야기할 수 있는 문제를 상징적으로 보여주는 듯하다. 현재 우리나라의 고령화 속도는 세계에서 그 유례를 찾기 어려울 정도로 빠르게 진행되고 있다. 고령화 사회(65세 이상 7%)에서 초고령화 사회(65세 이상 20%)까지 가는데 걸리는 기간을 의미하는 고령화 속도가 프랑스는 154년이 걸렸고, 미국이 94년이 예상되며, 독일이 77년, 세계 최장수 국가라고 일컫는 일본이 36년이 걸렸다. 반면에 우리나라는 2000년에 고령화 사회에 진입하였으며 2017년 고령 사회, 2025년이면 초고령 사회에 접어들어, 25년 만에 달성할 것으로 예측된다. 우리나라의 고령화가 얼마나 빨리 진행되고 있는지 짐작하게 한다. 문제는 이러한 고령화가 국가유공자들에게도 진행되고 있다는 점이다. 최근 보훈대상자들이 고령화됨에 따라 보훈대상자들에 대한 노후 복지사업의 중요성이 증가하고 있다. 우리나라에의 전체적인 고령화 속도가 세계 최고로 빠른 데다, 보훈대상자의 고령화 속도는 이보다 더 빠르다는 것이다. 보훈대상자의 평균연령은 2018년 기준 71세이고, 이 중 독립유공자 본인은 94세이며, 보훈대상자의 68.7%가 65세 이상 고령으로, 극히 일부를 제외하고 고령으로 인한 소득 감소 등으로 생활에 어려움을 겪고 있지만 관련 복지정책의 수혜를 충분히 누리기 어려운 실정에 처해 있다.

보훈대상자의 빠른 고령화는 노인복지서비스라고 할 수 있는 재가복지서비스나 요양서비스의 수요가 빠르게 늘고 있는 것을 보면 알 수 있다. 고령 보훈대상자가 증가하고 이들의 경제 활동 중단으로 보훈보상금이 주 소득원이 됨에 따라, 노후생활 자금 부족으로 인한 여러 가지 문제점을 야기하고 있다. 이에 따라 고령의 보훈대상자들이 요구하는 다양한 노후복지 서비스를 폭넓게 준비해 나갈 필요가 있다.

우리나라의 사회복지 예산은 전체 예산의 3분의 1 수준이다. 2020년 우리나라 총예산 513조 5천억을 기준으로 할 때 180조가 넘는 슈퍼 예산이다. 이와 같이 사회복지에 관련한 집중적인 투자에도 불구하고 체감하는 사회복지 현실은 그다지 충분한 것으로 느껴지지 않는다는 것이 사회복지 현장의 목소리인 것 같다.

그나마 위안을 삼는 건 우리나라의 의료보건 행정이 아닐까 한다. 미국의 경우 단순한 감기로 병원을 한 번만 이용해도 엄청난 병원비를 부담해야 한다. 하지만 우리나라는 건강보험료만 내면 모든 국민이 건강보험제도를 통해서 양질의 의료 혜택을 제공받는다. 우리는 건강보험 덕분에 병원 문턱이 현저히 낮아져 많은 사람들이 병원을 큰 부담 없이 이용한다. 미국의 경우와 다르게 우리나라는 의료 부분에서 국민들이 많은 지원을 받고 있는 것이다. 국가유공자 등 보훈대상자들은 전국 6개 보훈병원과 6개의 보훈요양원을 통해 의료 혜택을 지원받는다. 보훈병원을 이용할 수 있는 국가유공자와 그 가족을 추정해 보면 약 240만 명이 넘는다고 한다. 하지만 보훈병원이라고 해서 국가유공자만 치료하는 것이 아니고 일반 환자들도 이용할 수 있다.

이와 같이 보훈병원은 지역사회에 대한 봉사와 수익성 제고라는 두 가지 목표 때문에 일반 환자들을 유치하는 데에도 많은 노력을 기울이고 있다. 보훈병원을 이용하는 국가유공자와 그 가족들의 치료비는 상이 정도에 따라 100% 국비 환자와 60%, 30% 감면 환자로 구분된다. 보훈병원을 이용하는 일반 환자는 건강보험 수가에 따라 적용한다.

국가유공자는 65세 이상의 고령자가 68.7%로 대다수를 차지하고 있다. 특히 6.25 참전용사의 경우 이미 많은 분이 세상을 떠났거나 생존한 경우에도 90세를 훌쩍 넘긴 분들이 대부분이다. 65세 이상 비율이 20%가 넘으면 초고령 집단이라고 하는데 그런 관점에서 보면 국가유공자 집단은 우리나라에서는 물론 세계에서도 유례없는 고령화된 집단이라고 할 수 있다. 이와 같이 연령이 높다 보니 환자 발생률은 해마다 증가하고 있으며, 치료가 어려운 환자도 증가하고 있다. 하지만 전국 보훈병원의 시설과 여건은 그동안 많은 투자와 지원에도 불구하고 일반 상급 병원들에 비해 열악한 실정이다.

미국의 보훈병원은 대통령이 입원하는 병원으로 최신의 첨단 의료시설을 갖춘 첨단 의료기관으로 자리를 잡았지만, 우리나라의 경우 전국에서 가장 규모가 큰 서울 중앙보훈병원은 2010년에서야 제3차 진료기관으로 격상되었을 뿐 그 이전까지는 2차 진료기관으로 암이나 고난도 질병 환자의 경우 다른 종합병원으로 위탁할 수밖에 없는 현실이었다.

2000년 이후 보훈병원에 많은 투자가 이루어졌다고 하지만, 그 이전까지 투자가 거의 이루어지지 못한 결과로 인해 국가유공자 대표병원으로서의 역할을 다하지 못하고 있었다. 이 문제를 해결하기 위해 2001년 정부가 보훈복지의료공단에 허용한 플러스복권 사업의 재원을 통해 투자 재원을 확보하고, 이를 시설투자에 활용하여 그나마 현재의 보훈의료시설의 토대를 마련하였다.

국가유공자들은 목숨을 걸고 나라를 위해 희생한 분들인 만큼 그 누구보다도 먼저 양질의 의료서비스를 받는 것이 마땅하다. 국가유공자들은 국가에 대한 헌신의 영예라는 의미를 새기기 위해서도 일반 상급병원을 찾기보다 먼저 보훈병원을 통해 치료받기를 원한다고 한다. 이들이 양질의 의료서비스를 받기 위해서는 최소한 전국에 산재한 보훈병원을 우리나라의 대표적인 상급병원에 버금가는 의료기관으로 탈바꿈 시키려는 정책이 뒷받침될 필요가 있다.

국가를 위해 헌신한 국가유공자들이 양질의 보훈 혜택을 받고 그들의 희생을 제대로 인정받을 때 또 다른 헌신이 이어질 수 있으며, 이것이야말로 우리가 목숨 걸고 지켜온 대한민국의 정통성을 이어나갈 토대가 될 것이다.

6. 남과 북의 보훈 보상의 차이

우리나라가 분단된 지도 벌써 70년이 훌쩍 지났다. 그동안 한반도는 냉전 상태가 지속되면서 남북 대립은 심화되었고, 때로 극적인 화해의 순간도 있었지만, 근본적으로 해결되지 않은 한반도의 정세 불안은 우리 모두의 안녕과 세계 평화에 큰 위협이 되고 있다. 분단 이후 남북 간 대립 상태에서 발생한 6.25는 우리 민족에게 커다란 상처를 남겼다. 동족 간 수많은 인명 피해를 가져왔고, 70년이 지난 지금도 잠재적인 전쟁 상태, 즉 휴전협정 상황에서 긴장감이 감도는 가운데 살고 있다. 따라서 통일은 반드시 이루어야 할 민족사적 과제이다. 노르웨이 출신의 평화연구가인 요한 갈퉁(J. Galtung)이 통일을 '두 개 이상의 주권적 행위 주체가 하나의 행위 주체로 변환되는 상태'라고 정의했듯이, 우리가 이루어야 할 통일은 분단의 극복이자 새로운 우리를 창조하는 과정으로 진정한 통일은 체제 통합을 넘어 체제 융합을 완성하는 것을 의미한다고 할 수 있다.

2018년 평창 동계올림픽을 계기로 남북과 북미 간에 형성된 대화 분위기도, 현재는 북한의 핵문제에 대한 해법 차이로 교착 상태에 빠져 있다.

한편 우리는 6.25 당시의 전상자와 공훈자를 국가유공자로 선정하여 보훈에 힘쓰고 있다. 국가 수호를 위해 헌신한 국민에게 국가가 상응한 보상과 예우를 하는 것은 모든 국가 공동체에서 보편적으로 시행되는 제도나 문화라 할 수 있다. 그렇기에 국가의 보훈제도는 고대로부터 현대에 이르기까지 다양한 유형과 형태로 운영되고 유지되어 왔다고 할 수 있다. 6.25 당시 전쟁의 한쪽 당사자였던 북한에도 그들의 기준에 따른 보훈 보상 체계가 있음은 물론이다. 그렇다면 남과 북의 보훈 보상 체계는 어떤 차이가 있을까?

우리나라의 공적연금제도는 고령화로 인해 노년기의 소득 능력 상실에 대비하여 국가가 노후 소득 보장의 수단으로 실시하는 사회보장제도로 시작되었다. 공적연금제도는 1960년 공무원연금을 시작으로, 1963년에는 군인연금이 공무원연금에서 분리되었고, 1975년 사립학교교직원연금에 이어, 1992년에는 별정

우체국연금으로 확대 시행하였으며, 일반 국민을 대상으로 하는 국민연금은 1988년에 시작되었다.

이에 비해 북한은 광복 후 분단 직후부터 다수의 사회보장 관련 법규를 제정하면서 사회보장제도를 운영해 왔다. 1951년에 제정된 「국가 사회보장에 관하여」는 '국가(북한)'를 위한 일에서 사망한 자의 가족이나 전쟁 등으로 장애를 입은 자 및 전쟁 등에 참여한 고령자를 적용 대상으로 하여 직업 보장과 시설 보호, 생필품 지급, 면세 혜택 등 혜택을 제공하는 내용을 담고 있다. 북한의 국가연금 중에서 특히 눈에 띄는 내용은 1956년에 제정된 「국가공로자에 대한 사회보장규정 승인에 대하여」라는 법률인데, 이는 8.15 광복 이전 국내외에서의 일제 반대 투쟁과 8.15광복 후 남한에서 미국 반대 투쟁 및 민족국가 건설을 위해 정치, 경제 등 각 분야에서 공훈을 세운 자 및 그 가족들을 특별 보호 대상으로 포괄하고 있다. 즉, 북한의 공로자연금은 국가를 위해 희생한 경우나 사회에 큰 공훈과 공적이 있는 자와 군 복무 중에 장애를 입거나 사망한 영예군인, 국가기관 등에서 중요한 직책을 수행한 자 등에게 지급하는 연금이다.

사회주의 헌법에 혁명투사나 혁명열사 가족 및 인민군 후방가족과 영예군인들은 국가와 사회로부터 특별한 대우를 받는다고 규정하고 있어 공훈을 세운 국가공로자들에 대한 특별한 우대정책이 법적으로 보장되어 있음을 알 수 있다. 또한 북한은 국가공로자나 고령으로 만기 전역한 직업군인 등에게 높은 수준의 연금을 지급하고 있는데, 이는 기본연금의 성격에다 보훈 성격의 연금이 추가되어 지급되기 때문이다. 이와 같이 북한은 일찍부터 독립 투쟁과 6.25 참전 공로자에 대해 최고의 대우를 함으로써 일반 국민들과 다른 특별한 정책을 추구해 왔음을 알 수 있다.

남한에서 보훈대상자에 대한 지원은 사회보장체계와 달리 국가유공자에 대한 예우를 국가보훈제도라는 별도의 체계로 다루고 있다. 보훈대상자는 본인과 유족 및 가족으로 구분하며 국가유공자의 헌신에 따라 보상하되, 그 생활수준과 연령 등을 고려하여 보상의 정도를 달리하고 있다. 보상은 보상금이나 수당, 사망일시금과 같은 보훈급여금으로 지급되는 금전적 보상이 있고 교육이나 취업, 의료 및 대부 지원 등과 같은 비금전적 보상도 있다. 특히, 유족의 경우에는 사망자의 상이등급과 유족과의 관계에 따라 보상수준이 달라지는데, 미성년 자녀의 보상금 수준이 가장 높고 다음으로 배우자 순으로 구분된다. 보훈보상대상자에게는 국가유공자의 70%의 보상금이 지급되고 있다. 이와 같이 남과 북 공히 6.25전쟁 희생자 및 국가유공자를 특별히 우대하는 정책을 시행하고 있지만 그 정도는 북한이 훨씬 높음을 알 수 있다.

어떤 조직이나 단체든 그 조직과 단체를 위해서 희생하고 헌신한 구성원들과 가족에 대해서 나머지 구성원들이 이들을 돌보고자 하는 마음은 다르지 않다. 만약 그렇지 않다면 누가 그 조직과 단체를 위해서 희생할 것인가? 이것이 바로 조직이나 단체를 지탱해주는 힘의 원천이라고 할 수 있다. 나라를 위해서 희생한 이들과 그들의 가족을 우리가 돌보고 살피는 것, 그리고 사회에서는 이들을 특별히 우대하고 존중하는 것, 이것이 나머지 구성원들이 마땅히 해야 할 일이 아닐까?

7. 국가유공자들의 생활과 우리의 지원

정부는 1961년부터 국가유공자의 공훈에 보답하기 위해 국가유공자와 그 유족, 또는 그 가족을 위해 보훈급여금 제도를 운영하고 있다. 보훈급여금은 국가유공자에게 지급하는 보상금과 수당 및 사망일시금으로 구분된다. 보훈급여금의 대상이 되는 보훈대상자의 수는 1962년 15만 명에서 2020년 84만 명으로 약 5.6

배 증가했다. 2020년 우리나라 정부 총예산은 513.5천억 원인데 이 중 보훈예산은 5.6조 원으로 총예산 대비 1.1%이며, 보훈급여금 등에 4.7조 원이 지출되어 전체 보훈예산의 83%를 차지한다. 2016년 이후 보훈예산의 증가율은 4.1%인 반면, 보훈급여금 등의 지출은 이에 못 미치는 3.8%의 증가를 보이고 있다. 그나마 2020년에 참전명예수당과 전몰·순직 군경 유족(배우자 기준) 보상금이 상향된 건 다행한 일이다.

　현재 우리나라 국가유공자의 가장 큰 특징은 기존 유공자의 고령화와 신규로 진입하는 젊은 경상이자로 양분화되고 있다는 점이다. 국가유공자는 공무상의 재해로 인해 사망 및 중도장애를 입은 사람으로, 사망을 제외하고 국가유공자 본인 등록과 관련하여 최근 20대의 젊은 경상이자 증가세가 뚜렷이 나타나고 있다. 이는 예전과 달리 독립이나 전쟁과 같은 국내외의 커다란 사건의 발생이 현저히 줄어들어 신규로 등록이 되는 국가유공자는 군 복무 등 공무상의 재해로 인한 20대의 젊은 경상이자가 대부분을 차지하게 되었기 때문인 것으로 보인다. 한편으로는 국가보훈처에서 2000년 국가유공자 등급에 상이 7급을 신설한 후 6급 이하의 경상이자 등록 비율이 지속적으로 증가하고 있는 것도 하나의 요인으로 볼 수 있다.

다양한 국가유공자 대상 중에서 상이 제대군인에 해당하는 대상은 전상군경과 공상군경으로 압축된다. 그동안 국가유공자 등록과 관련하여 공무상의 재해에 대한 인과관계가 불명확한 상황에서 유공자 등록에 따른 사회적 문제가 발생해 왔다. 이에 따라 2012년 7월부터 공무상의 재해가 아닐 경우에는 국가유공자가 아닌 '보훈보상대상자'로 등록하고 있다. '보훈보상대상자'와 '국가유공자'는 국가의 수호, 안전보장, 또는 국민의 생명, 재산보호와 직접적인 관련이 있느냐 없느냐에 따라 구분하고 있다. 이러한 보훈보상대상자는 보훈급여금은 물론 각종 혜택에 국가유공자와 차이가 있다.

군인이 공무상의 장애로 인정될 경우 우선 국방부에서 제공하는 군인연금 등의 보상을 받을 수 있고, 제대 후 국가보훈처에 국가유공자 등록을 신청한 후 상이등급 판정을 받게 되면 연금 및 일상생활과 관련한 각종 혜택을 받게 된다. 하지만, 국방부의 경우 의무복무 중인 병사는 일부를 제외하고는 군인연금에서 실질적으로 배제되고 있으며, 국가보훈처의 국가유공자 등록심사는 매우 까다로운 데다 등록이 되었다 해도 경상이자의 경우는 혜택이 적은 실정이다.

이와 같이 예산상 한계로 적절한 혜택을 받지 못하는 상이자들의 문제를 보훈보상에만 의존하지 않고 사회복지와 연계하는 방안도 고려할 필요가 있다. 장애자 연금이나 지원제도, 기초연금, 의료보호 제도 등 저소득층이나 장애인 지원제도 등과 관련된 복지제도와의 연계를 통해 상이자들의 생활지원을 적극적으로 검토할 필요가 있다.

우리나라는 역사에서 보듯이 주변국들과 세계열강들의 침탈 속에 스스로를 지켜내고 정체성을 유지해 온 끈질긴 민족성을 가지고 있다. 이러한 민족성 뒤에는 자신보다 먼저 국가를 생각한 수많은 애국 열사들의 희생이 자리하고 있다.

지금 한반도의 주변 상황은 대한제국 말기의 모습과 유사하다고 한다. 미국·일본·한국에 대응하는 중국과 러시아·북한의 대립 구도가 이어지고 있다. 최근에는 미·중 무역 분쟁에서 촉발된 대립이 남중국해를 둘러싼 군사적 긴장 등으로 전개되고 있다. 이런 상황에서 앞으로 동북아는 한반도를 둘러싼 미·일·중·러의 치열한 대립장이 될 가능성이 있다. 이런 상황은 우리 미래의 불확실성을 키우고 있다. 만약 앞으로 우리에게 국토안보가 실질적으로 침탈당하는 국가적 비상상황이 닥친다면 우리는 어떻게 대처해야 할까? 전 국민의 일치단결된 모습의 대응이 필요하겠지만, 국토방위의 최전선에 있는 군인들에게 우선 의지할 수밖에 없다.

직무 특성상 높은 위험에 노출되어 있는 군인들이 맡은바 직무에 전념할 수 있도록 국가에서는 상이 제대군인에 대한 좀 더 전향적인 재해보상제도를 갖추어 나가는 것이 필요하다. 상이 제대군인에 대한 예우는 징병제 국가인 우리나라의 경우 특히 군인들의 사기와 결부되는 중요한 문제이기 때문이다.

8. 국가유공자에 대한 국민들의 생각

'한 사람이 못을 박으면 다른 사람은 모자를 건다.'는 영국 격언이 있다. 사람은 홀로 살아갈 수 없고 서로 협력하며 살아간다는 뜻으로 사회복지는 더불어 사는 행복한 사회를 만들기 위한 노력의 일환이라고 할 수 있다. 이러한 노력은 국민의 전폭적인 지지가 없다면 존속하기 어렵다. 보훈도 마찬가지다. 국가유공자를 발굴하고 지속적으로 지원하는 일 역시 국민의 지지가 필요하다. 결국 복지와 보훈이 발전해 나가기 위해서는 국민의 지지를 얻는 일이 무엇보다 중요하다. 그런 점에서 복지와 보훈은 지향하는 바가 같다고 할 수 있다.

최근 국가유공자 예우·지원에 대한 국민 의식조사가 발표되었다. 전국 17개 시도의 만19세 이상 64세 이하 성인 남녀 610명을 대상으로 한 조사는 독립유공자, 국가유공자, 참전 유공자, 민주 유공자, 고엽제 후유의증, 특수임무 유공자, 제대군인과 그 유족 등을 대상으로 하는 예우 및 지원 등에 대한 국민들의 인식을 조사하는 데 목적을 두었다.

조사 설문은 국가유공자에 대한 인지도와 존경심, 기여도를 진단하기 위한 내용으로 구성되었다. 설문의 구성 내용을 보면 먼저 '나는 국가유공자의 의미에 대해 알고 있다'는 항목에 대한 설문에서 이 의미를 잘 알고 있다는 비율이 69%, 부정 비율이 3.6%로 나타났다. 다음으로 '나는 국가유공자들을 존경한다'는 항목에서는 응답자의 82.5%가 긍정하였고 부정 비율은 1.9%로 나타났다. 또한 '나는 국가유공자들이 국가를 수호하는 데 기여한 바가 크다고 생각한다'의 항목에서는 긍정의 비율이 84.6%, 부정 비율이 1.7%로 나타났다.

'국가 유공자 유형별로 공헌 및 희생 정도, 생활수준 등을 고려해 보훈보상금을 차등 지급하는 것의 타당성' 항목에서는 73.5%가 차등 지급에 대해 긍정하고 있었다. 또한 국가유공자 예우 및 지원 강화를 위한 국가에 대한 자긍심을 진단하기 위해 '나는 국

가가 국가유공자를 지원하고 예우하는 정책에 찬성한다'는 항목
에서 긍정 비율이 76.9%, 부정 비율이 2.4%로 나타났다.

　이어서 '나는 민주유공자(재야 및 대학생의 반독재 투쟁, 노동운동,
언론문화운동, 농민운동 등)를 국가가 지원하고 예우하는 것을 찬
성한다'는 항목에서는 긍정 비율이 44%로 절반을 넘기지 못하
고 부정의 비율이 15.2%로 나타났다. 또한 '나는 국가에서 국가
유공자에 대한 존경심을 고취하기 위한 정책을 확대해야 한다고
생각한다'는 항목에서는 긍정 비율이 64%, 부정 비율이 4.3%로
나타났다.

　종합해 보면 국가유공자 지원 및 예우 관련 정책과 사업에 대
한 지원 비율이 76.9%, 유공자 존경심 고취 정책에 대한 지지비율
이 64.0%로 높게 나타난 반면, 두 지지율에 비해 민주유공자에 대
한 지지율은 54.0%로 상대적으로 낮게 나타났음을 알 수 있다.

　이어서 국가유공자에 대한 예우 및 지원과 관련한 정책에 대
한 설문으로 '다음 중 국가유공자에 대한 예우 및 지원 중에서
가장 부족하다고 생각하는 것은 무엇입니까?'에 대한 답변에
서 금전적 지원이 37.8%로 가장 높게 나타났다. 정신적 예우는
24.4%, 일자리 지원이 13.3%, 국가유공자에 대한 교육과 홍보
10.1%, 의료지원이 5.6%, 주택지원이 5.2%의 순이었다.

이와 같은 결과로 볼 때 국가유공자에 대한 예우 및 지원 강화는 국민적 지지기반이 확고하다는 점을 확인할 수 있다. 또한 국가유공자에 대한 인지도와 존경심, 기여도에 대한 인정 비율이 매우 높다는 점에서 유공자에 대한 정책을 좀 더 적극적으로 추진할 필요가 있다.

그렇다면 어떤 정책을 통해 이들을 지원하는 것이 효과적일까? 설문에서 나타난 대로 국가유공자들이 생활에 어려움을 겪지 않을 정도의 금전적 지원과, 그들의 희생정신을 온 국민이 공감할 수 있고 기억할 수 있는 정신적 예우 정책, 그리고 미래 세대가 보훈의 의미를 이해하고 유지할 수 있는 교육과 홍보에 중점을 둔 정책이 필요함을 알 수 있다. 갈수록 고령화되고 있는 국가유공자들의 편안한 노후를 위해 적절한 의료지원 및 요양보호 지원정책 또한 중요한 정책목표가 될 수 있다.

한정된 예산의 범위 내에서 다양한 정책을 추진한다는 것이 결코 쉬운 일은 아니지만, 우리 국민이 공감하고 지지하는 지원정책의 추진을 위해 형평성 있고 효율적인 지원을 위한 체계적인 노력이 요구된다. 또한 금전적 지원 못지않게 국가유공자들이 자긍심을 가지고 명예롭게 생활할 수 있도록 예우에 힘쓰는 정책을 추진할 필요가 있다. 무엇보다 자라나는 세대들에게 보

훈과 국가유공의 의미를 제대로 알릴 수 있는 지속적인 교육과
홍보는 꼭 필요한 지원정책이라 할 수 있다.

9. 미래를 지향하는 보훈

우리 생활 속에서 '보훈' 하면 떠오르는 말은 어떤 것일까? 아
마도 독립유공자, 6.25 참전 용사, 상이군경 등의 용어일 것이다.
이들의 희생에 대한 보답을 해야 한다는 것이 보훈이라고 생각
하는 이가 대다수이다. 그리고는 이는 내 일이 아니라 국가가 나
서서 해야 될 일이라고 생각하고 지나쳐 버린다. 한마디로 보훈
은 현대를 살아가는 사람들에게 필요는 하지만 내 일일 것 같지
않은 그저 '짐'으로 인식되는 용어가 되어 버린 것은 아닐까?

해마다 6월이 되면 보훈을 위한 추모행사를 하고 보훈 가족과
자녀들을 별도로 모아 선물을 전하고 감사의 마음을 전하면 보
훈은 끝이 난다. 아마도 의무감에서 후다닥 치르는 행사처럼 느
껴진다. 과연 보훈이 이렇게 흘러가도 되는 것인가?

요즘의 2030세대를 '살코기 세대'라고 한다. 1980년대 세대를
386세대, 1990년대 세대를 ×세대, 2000년대 세대를 N포 세대라

고 했는데, 이어 등장한 세대가 '살코기 세대'라는 것이다. 살코기 세대는 기름기를 뺀 살코기처럼, 불필요한 인간관계를 배제한 삶을 지향하는 성향을 보이는 세대를 이르는 말이다. 아마도 개인주의가 팽배한 현실을 반영한 용어가 아닌가 한다.

세상은 빠르게 변하고 있다. 50대, 60대 이상의 세대에게는 독립운동이나, 6.25전쟁, 산업화나 민주화 운동 등에 대한 뜨거운 열정이 있다. 나라를 지키기 위한 희생을 감사할 줄 아는 세대라는 의미이다. 하지만 세월이 흘러 지금의 2030세대가 50, 60대가 되었을 때에도 지금처럼 보훈을 긍정적인 마음으로 받아들일까?

이제 보훈도 변해야 한다. 보훈에 대한 발상의 전환이 필요하다는 얘기다. '보훈' 하면 떠오르는 것이 언제까지나 짊어지고 가야 할 '짐'이 아니라 세월이 흘러도 생동하고, 시대를 이끄는 정신적 가치를 생산하는 부문으로 인식되도록 해야 한다. 이를 위해 '살코기 세대'들과도 적극적으로 소통하고 그들로 하여금 보훈은 '짐'이 아니라 그들과 생활 속에서 함께하는 보훈이라는 생각을 갖도록 해야 한다. 이를 위해 보훈 종사자들의 역할은 이들과 소통하고 미래를 향해 함께할 공감대와 공유지를 마련하는 일이다.

요즘 'BTS', 즉 '방탄소년단'이라는 우리나라 아이돌 그룹이 세계적으로 선풍적인 인기를 끌고 있다. 미국의 '빌보드차트'에서도 선두권을 계속 이어가고 있다고 한다. 젊은이들은 이들에게 열광한다. 그들의 삶에 대한 대리만족과 같은 카타르시스를 느끼게 하기 때문인 듯하다.

젊은이들에게는 그들 나름의 세계가 있다. 이들이 나이 든 어른을 향해 일컫는 은어가 있다. 누구나 잘 알고 있는 '꼰대'라는 용어다. 권위적인 사고를 가진 어른이나 선생님을 비하하는 학생들의 은어인데, 자기의 구태의연한 사고방식을 타인에게 강요하는 직장상사나 나이 많은 어른을 가리키는 말로 사용된다. 살코기 세대가 기성세대를 꼰대 세대라고 지칭하는 이유는 아마도 소통방식에 문제가 있기 때문인 듯하다.

'살코기 세대'와 '꼰대 세대'가 공존하는 방법이 있다. 그것은 가치를 공유하는 것이다. 보훈이 살코기 세대들의 공감대를 더 폭넓게 얻기 위해 앞으로 해야 할 일은 보훈의 가치를 공유하게 하는 것이다.

수년 전 〈국제시장〉이라는 영화가 상영되어 천만 관객을 돌파했다. 뒤이어 〈인천상륙작전〉이라는 영화가 상영되어 수많은 젊은이들의 눈시울을 적시게 한 적도 있었다. 한 편의 영화가 1,000만 관객을 동원한다는 것은 세대를 초월하여 공감을 얻었다는 방증이다. 한 편의 영화를 통해서 감성에 호소하자는 의미가 아니다. 이런 영화는 보훈 선양이라는 가치를 말이 아니라 영상을 통해 조용히 전파할 수 있는 도구이다. 세대를 초월하여 모두가 공감할 수 있는 문화가 있다면 이것이야 말로 보훈이 앞으로 역점을 두고 추진해 가야 할 분야이다.

장기적으로 보훈이 세대 공감을 얻기 위해서는 젊은 세대들에게 다가설 수 있는 '문화콘텐츠' 산업을 눈여겨보아야 한다. 이를 통해 세대 간 공감을 이루어 나가는 것! 이것이 미래를 지향하는 보훈의 과제이다.

선진 강대국의 보훈복지와 대한민국

이 준 희_ 한국군사문제연구원 전문위원

오늘날의 선진강대국이라 일컫는 미국, 캐나다, 호주, 프랑스도 나라를 위해 헌신하다 부상을 당하거나 전사한 분들을 영웅으로 추대하고 역사적 상징물에 이름을 새겨넣어 기억하게 하고 있으며, 달리는 전철에 전설적인 무용담을 소개하고 있다. 선진강대국은 국가 차원에서 주거, 의료, 연금 등 보훈복지를 체계적으로 관리함으로써 국민들이 유사시 국가의 부름이 있으면 죽음을 두려워하지 않고 기꺼이 달려 나가게 만들고 있다. 선진 강대국일수록 보훈복지의 위력을 잘 알고 잘 활용하는 것이라 하겠다.

1. 들어가는 말

흔히 강대국이라고 하면 광활한 영토를 가지고, 백전백승(百戰百勝)의 강한 군대를 보유하고 있으며, 경제적으로 풍족한 나라라고 생각한다. 그런데 진정한 강대국은 이러한 요소 외에 또 하나의 조건을 갖추어야 한다. 그것은 전쟁 중에 국가를 위해 싸우다 죽은 전사자에 대한 추모와 유가족에 대한 예우가 남다르다는 사실이다. 이것을 현대적 의미로 해석해 보면 '보훈복지정책'이 잘되어 있음을 의미한다. 선진 강대국 국민은 '보훈의 중요성'을 잘 인식하고 국가에서 추진하는 보훈으로서 복지정책을 적극적으로 지지한다. 즉 국민이 보훈복지의 참뜻을 알고 나라 사랑을 실천해 나갈 때 국가는 부강해지고 국민은 행복함을 느끼게 된다.

이 글은 강대국이 되기 위한 조건과 보건복지의 개념을 알아

보고 선진 강대국의 보훈복지에 대해 논의하고자 한다. 선진 강대국의 보훈복지 사례를 미국, 캐나다, 프랑스, 호주 순으로 살펴본다. 선진강대국들이 보훈복지에 쏟는 관심과 애정을 통해 대한민국 보훈복지의 현주소를 알아보고 우리가 진정한 선진강대국으로 거듭나기 위해서 보훈복지정책이 어떤 방향으로 나아갈지를 모색해 보고자 한다.

2. 선진 강대국의 조건과 보훈복지 개념

1) 강대국의 조건

일반적으로 강대국(强大國, great power)이라고 하면 국력이 강하여 정치적·군사적·경제적 영향력을 이웃 나라와 지역을 넘어 전 세계에 행사할 수 있는 나라를 말하며 열강(列强)이라고도 부른다. 강대국이라는 단어는 나폴레옹 전쟁의 종전 처리 문제를 한창 논의하던 1815년 빈 회의를 통해 알려졌다. 강대국이라는 단어에서 강함의 기준은 군사력을 이야기할 수도, 경제력을 이야기할 수도, 문화의 발전 정도를 이야기할 수도 있다. 각각은 그 나름대로 독자적인 척도가 되지만 중요한 것은 그중 어느 하나만으로는 강대국이 되지 않는다는 사실이다. 다시 말해 강대국은 어느 한 분야에서만 강세를 보이지 않으며 경제, 군사, 문화 등 거의 모든 분야에서 높은 수준을 유지하고 있다. 냉전시대 미국과 구소련은 각각의 진영에서 전 세계적 범위에서 자신의 이익을 관철할 수 있었으므로, 강대국을 넘어 초강대국(超強大國)이라고 부르기도 하였다. 또한 냉전이 붕괴한 이후에 미국이 세계 유일의 초강대국이 되자 미국을 극초 강대국이라는 용어로 지칭하기도 한다.

2) 보훈복지 개념

가. 보훈복지정책의 의의

사회복지가 널리 인간 복지(Well-being)를 추구하는 사회적 노력이라고 한다면, 보훈복지정책은 사회문제, 특히 보훈대상자에게 일어나는 문제를 해결하는 사회적 노력이라고 할 수 있다. 국가보훈복지정책의 의미는 국가 존립과 수호를 위해 신체적 또는 정신적으로 희생을 치렀거나 뚜렷한 공훈을 세운 자에게 국가가 합당한 보상으로 그들의 생활 안정과 복지증진을 도모하는 것을 말한다. 또한 국가유공자들의 높은 공훈과 명예를 선양함으로써 보람과 긍지를 갖게 하는 한편 국민이 존경하고 추앙하도록 하려는 국가시책이라고 볼 수 있다.[*]

나. 보훈복지정책의 목적

국가유공자 등 예우 및 지원에 관한 법률은 국가를 위하여 공헌하거나 희생한 국가유공자와 그 유족에 대하여 국가가 합당한 예우를 함으로써 ① 그들의 생활 안정과 복지향상을 도모하고 ② 국민의 애국정신 함양에 이바지하는 것을 국가보훈의 목적이라고 규정하였다. 나라를 지키기 위하여 공훈을 세웠거나 희생한 사람들을 국가가 보살피고 예우함으로써 은공에 보답하는 한편 국민이 본받아 애국하도록 하는 제도적 장치로 국가 형성되면서부터 발생한 제도이다.[**] 보훈복지정책은 보훈처 창설 이전인 1950년에 군사원호법이 공포 시행됨에 따라 시작되어 현재에 이르고 있다.

---

[*] 표경애, 2000, 4~9쪽.

[**] 표경애, 앞의 글, 5-7쪽.

다. 보훈복지정책의 이론

국가가 국가보훈대상자에 대해 합리적인 예우를 해주기 위해서는 정책적인 뒷받침이 되어야 한다. 국가보훈복지정책은 일반적인 사회보장 제도와는 발생 연원이나 내용 등에서 근본적인 차이가 있다. 제도 발생 연원 상에서 보면, 국가유공자와 참전군인 등을 지원하는 국가보훈제도는 국가와 민족을 위하여 특별히 공헌·희생한 자에 대하여 국가가 보상 의무를 다하는 국가공동체의 원리인 데 반하여, 사회보장은 자본주의 체제 특징으로 인하여 발생하는 개인의 빈곤 문제를 사회적 책임이라는 인식하에서 해결하는 데에서 비롯되었다.

국가유공자를 지원하는 국가보훈은 국가 보상 측면에서 물질적인 보상과 정신적인 예우를 결합한 시책 및 국민의 애국심 및 민족정기선양사업으로 구성된다. 반면에 사회보장은 복지 측면에서 사회복지서비스 등 물질적 대책에 한정된다. 즉 정신적인 부분은 주로 국가유공자들의 공덕을 범정부적 차원에서 보상하는 것이므로 일반 복지 부분의 고려 대상은 아니다. 이처럼 국가보훈은 사회보장보다도 더 포괄적이면서 내용 면에서는 특별한 의의를 지니고 있어 다른 어떤 정책 분야보다도 우선되어야 하지만 사회 일반에서는 잘못 인식되는 측면이 있다.

(1) 국가보상 이론 : 국가보상 이론은 국가를 위해 공헌하거나 희생한 유공자와 그 유족에게, 희생의 대가를 국가가 보상한다는 이론이다. 이 이론은 자신을 희생하여 국가적 위기 극복에 공헌한 자를 국가가 정책적으로 특별대우를 해줌으로써 국가를 위해서는 언제든지 희생할 가치가 있다는 믿음을 국민에게 심어주기 위함이다. 현재 국가방위를 위해 헌신하는 사람들(군인, 공무원, 경찰 등)에게도 국가에 헌신하면 국가가 무한 책임을 진다는 것을 일깨워줌으로써 사기진작은 물론 자긍심을 고취하는 데 있다.

(2) 공공선 이론 : 국가 존립은 여러 가지 사상적 지지가 필요하지만, 일반적으로 충효 사상에 기반을 두고 있다. 참전군인 지원을 위한 국가보훈이 충의 사상으로부터 나온다고 보는 것이 공공선 이론이라 할 수 있다. 공공선 이론은 국가보훈이 국가의 존립을 위해 꼭 필요하다는 사상적 측면을 현대적으로 재조명한 이론이다.

(3) 국가공훈 이론 : 국가를 위해 공을 세운 자는 그에 따른 보상과 예우를 반드시 해주어야 한다. 우리나라에서는 여러 가지 훈장과 상장으로 참전군인의 공훈을 기리고 있다. 국민의 번영된 삶은 국가 위기 시 희생한 유공자들이 있었기에 가능하였다. 우리나라의 경우에는 일제의 식민통치로부터 조국 광복을 위해

심명을 바친 애국선열들과 6.25전쟁에서 자유민주주의 수호를 위해 목숨 바쳐 싸웠던 호국 용사들의 거룩한 구국 신념 등이 여기에 해당한다.

(4) 형평성 이론 : 형평성의 개념은 일반적으로 동등함을 의미하는 것으로 공정성 또는 사회정의 개념과 거의 같은 의미로 쓰인다. 아리스토텔레스는 일찍이 형평성이란 " 적정하고 동등한 분배로 이루어진 공평한 평등"이라 하였다. 그러나 참전군인 복지정책과 관련해서는 정책 비용의 부담이 전 국민을 대상으로 하며, 편익은 참전 군인에 한정되기 때문에 일반적인 형평성의 개념을 적용하기에는 어려움이 많다. 따라서 여기서 형평성 이론은 전쟁, 군복무 그와 유사한 일로 인해 사망하거나 신체에 손상을 입은 사람, 그 유가족에 대하여 피해를 보지 않은 일반 국민과 비교하여 형평성 차원에서 보상하는 이론을 말하는 것이다.

3. 선진 강대국의 보훈복지

1995년 미국 〈워싱턴포스트〉지가 천년 세월 동안 가장 위대한 인물로 칭기즈칸을 선정했다. 칭기즈칸이 싸움만 잘하여 영토를 넓힌 정복자였다면 〈워싱턴포스트〉지가 그를 가장 위대한 인물로 선정하지 않았을 것이다. 칭기즈칸은 수십 년간 주위의 부족을 정복하여 포로가 된 부족도 융화시켜 자기편으로 만드는 등 유목민 사회를 하나로 통합하는 용병술의 대가였다. 또한 칭기즈칸은 몽골군이 어떤 곳에서 싸우다 죽어도 시신을 찾아와 고향에 묻어주었으며, 남아 있는 가족들을 극진히 보살펴주었다. 다시 말해 칭기즈칸은 용병술이 뛰어났을 뿐만 아니라 현대적 의미의 보훈복지에 남다른 관심과 애정을 가졌기 때문에, 천년 세월의 가장 위대한 인물로 선정되었을 것으로 추정된다. 칭기즈칸은 자신의 부하들이 전쟁터에 나가 싸우다 죽는 것을 영광스럽게 여기도록 만들었다.

또한 지중해의 패권 국가 로마 제국은 하루아침에 이루어지지 않았다'라는 말이 있는바, 로마의 강성함은 귀족들의 솔선수범에 의한 헌신, 로마제국 어머니들은 아들이 전쟁터에 나가 싸우다 죽은 것을 자랑스러워할 만큼 전사자를 극진히 우대한 정책이 강대국 로마제국을 만드는 데 사상적, 제도적 바탕이 되었다. 이처럼 로마제국이 주변 강대국과 많은 전쟁을 치르면서 지중해의 패권 국가로 거듭난 것은 현대적 의미의 보훈복지에 남다른 관심을 가졌기 때문으로, 우리가 보훈복지의 중요성에 관심을 가져야 하는 이유이기도 하다.

이 점을 염두에 두고 중세의 칭기스칸의 몽골제국과 고대 로마제국이 강대국이 되는 또 하나의 조건이었던 보훈복지가 현대의 선진강대국에서는 어떻게 구현되고 있는지를 살펴보는 것도 의미가 있을 것이다. 현대의 선진강대국은 동서고금을 막론하고 국가공동체의 존속·유지·발전을 위해 희생한 이들과 그 유가족들에 대한 물질적 보상과 정신적 예우를 중시하는 보훈복지제도가 존재해 왔으며, 이를 끊임없이 변화·발전시켜 가며 국가발전의 원동력으로 삼아 왔다. 이러한 선진국의 보훈복지제도에 대해 미국, 캐나다, 프랑스, 호주 순으로 살펴보고자 한다.

1) 미국의 보훈복지

가. 미국은 왜 강대국인가?

미국 국토는 한반도 크기 44배(982만㎢)에 이르고, 인구는 3억 2천만 명으로 세계 3위이며, GDP가 약 20조 5,130억 달러(2018년 기준)로 세계 1위이다. 그뿐만 아니라 미국의 국방 예산은 6,120억 달러(2018년)로 전 세계에서 1위이며, 모든 국가가 지출하는 국방비의 36%(2015년)를 차지한다. 이처럼 미국은 강대국이 갖추어야 할 일반적인 조건을 충족하고, 천문학적 예산을 국방비로 사용하는 것 이외에도 세계 최강의 국가로 존재하는 또 하나의 이유가 있다.

나. 무명용사 묘를 특별 관리하는 미국

미국이 강대국인 진정한 이유를 버지니아 주 알링턴 국립묘지 무명용사의 묘에서 찾아볼 수 있다. 알링턴 국립묘지는 워싱턴 DC가 한눈에 내려다보이는 언덕에 세워진 미국 최대 규모 군사 묘지로 1차·2차 세계대전, 한국전쟁, 베트남 전쟁 등의 전선에서 싸운 미국군인과 직계가족이 묻혀 있다. 그곳에는 전쟁에서 전사했으나 이름이 알려지지 않은 무명용사의 유골도 함께 안치되어 있다. 무명용사의 석관 묘비는 50t이나 되는 흰색 대리석으로 되어있는데 해병대 병사가 1년 365일, 하루 24시간, 어떠한 날씨에도 밤낮을 가리지 않고 위병근무를 쓰고 있다. 석관 한쪽 면에는 "이곳에 명예로운 영광, 오직 신만이 아시는 미국 군인이 잠들다."라고 새겨져 있다.

이곳을 지키는 해병대 병사들은 아무런 수당도 없이 조국을 위해 목숨을 바친 전사자들을 곁에서 지킬 수 있다는 것을 큰 명예라 생각한다. 이곳에서는 그 누구도 큰 소리로 말하거나 웃고

떠드는 사람이 없으며 숙연한 분위기가 유지된다. 이처럼 미국이 '무명용사'에 대한 예우가 각별한 것은 무명용사들의 헌신적인 희생이 뒷받침되지 않았더라면 어떠한 전쟁에서 승리도 결코 보장받지 못한다는 것을 국가가 인정하는 것이다.

다. 전사자에 대한 예우가 각별한 미국

미국은 로마 시대 때부터 내려오는 '노블레스 오블리주' 전통에 따라 자신의 조국과 공화주의를 지키기 위해 죽는 것을 가장 큰 명예로 여기는 전통을 만들어 왔다. 그래서 미국의 젊은이들은 국가와 자신의 명예를 생명과도 마찬가지로 여기고 '국가의 부름'에 주저 없이 전장으로 달려간다.* 그리고 미국은 전쟁 중에 희생한 전몰자들에 대해서는 각별히 예우한다. 미국은 나라를 위해 목숨을 바치면 명예로운 영웅으로 기록될 뿐만, 아니라 남겨진 가족들이 충분히 살아갈 수 있도록 최대한 배려함으로써 미군들의 충성심을 끌어내고 있다.

미국은 세계 곳곳 전투에 참전하다 전사한 군인들의 유해를

---

* 　배용, 2020, 200-201쪽.

찾아 본국으로 이송하는 데에 우리가 상상할 수 없을 정도로 큰 비용을 지출하고 있다. 특히 2001년 10월 5일 테러와의 전쟁에 돌입한 후부터 미군 전사자에 대한 보상을 10배나 획기적으로 늘렸다. 미국은 전사자 가족에 대한 충분한 보상, 끊임없는 유해 발굴 등과 같은 각별한 예우로 장병들에게 국가에 대한 굳은 신뢰감을 유지하고 있다. 이것이 군인들로 하여금 국가 부름이 있으면 언제든지 달려가 용감하게 싸워 승리하게 만드는 원동력이 되고 있으며, 이것을 미국의 저력으로 승화시켜 아메리카(America) 위대성을 나타내는 징표로 만들었다. 미국이 전쟁에 참여하여 부상한 상이용사에 대해 어느 정도 극진한 대우를 하는지 다음 사례를 통해 알 수 있다. 미국의 수도 워싱턴에서 캔터키 주 녹빌로 가는 비행기엔 이라크전(2006)에서 부상한 미군 중사 브라이언 갠스너와 그의 아내 세릴이 타고 있었다. 브라이언은 이라크에서 작전 중 사제 차량폭탄이 터져 중상을 입었다. 갠스너 중사는 야전병원에서 응급수술을 마치고 수도 워싱턴에 있는 월터리드 미군메디컬센터로 후송되어 몇 달간 치료를 받은 뒤 퇴원하여 고향으로 가던 중이었다. 비행기 기내에 기장의 낭랑한 목소리가 승객들의 가슴에 감동을 선사하였다. "승객 여러분 오늘 우리 비행기에 영웅 한 분이 타셨습니다. 브라이언입니다. 우리의 영웅과 그의 부인을 잊지 맙시다. 군인의 부인이라는 것은 미군 중에서도 가장 힘든 역할일 것입니다." 기장의 기내방송이 끝나기가 무섭게 모든 승객은 자리에서 일어나 이들에게 큰 박수를 보냈다. 브라이언과 그의 부인은 미소를 지으며 눈인사로 감사함을 전했다.

브라이언이 집에 도착하자 그를 처음 맞이한 것은 집 앞에 걸린 '환영'이라는 플래카드였다. 정부에서 테네시 주 녹스빌에 새집을 마련해 주고 재향군인회(VA)에서는 집 내부도 수리해 놓는 등 미국 사회는 나라를 위해 몸을 바친 이들을 시스템에 의해 감동적으로 지원하고 있다. 브라이언은 미국 대통령 이름으로 군전사자나 부상 용사에게 주는 최고 무공훈장인 퍼플하트(Pulple Heart)를 받았고, 3개월 뒤 그의 아내 세릴도 '몰린 피처' 명예훈장을 받았다. 브라이언은 2008년 정부 지원으로 방위산업체에 취업하였다. 미국의 막강한 저력도 따지고 보면 국가 부름을 받고 달려가 싸우다 죽거나 다친 이들을 국가와 사회가 끝까지 책임지고 보살펴주는데 힘입은 바가 크다.[*]

---

[*]   배용, 앞의 책, 202-203쪽.

라. 미국의 보훈 조직과 현황

링컨대통령이 1865년 3월 의회연설에서 "전쟁에서 사망한 전사들의 미망인과 자녀들을 원호할 목적으로 시작하였다."(보훈법령 부록 참조)라고 말한 바와 같이 제대군인부의 사명은 다음과 같다; "상이 제대군인들의 능력을 재활하고, 그들이 순조롭게 지방사회 시민으로 돌아갈 수 있게 적극 돕는다. 또한 국가를 위하여 희생한 제대군인들을 명예롭게 하고, 공중보건, 비상사태관리, 사회경제적 안녕과 국가 역사에 이바지하도록 한다."

미국은 초강대국인 만큼 보훈복지정책에 방대한 예산과 체계적인 조직을 갖추고 있다. 제대군인부는 본부가 워싱턴 디.씨.(Washington D.C.)에 있고, 미국 전역에 제대군인 의료처, 제대군인 보상처, 국립묘지관리처의 지방조직들이 있다. 제대군인부는 국가 안의 전쟁이 아닌 1차·2차 세계대전과 6.25전쟁, 베트남전쟁 그리고 걸프전 등 유엔군(이하 국제평화유지군)으로서 참전했던 자국 군인들을 위한 조직이다. 우선 이들에게 연금 형태의 금전적 지원을 한다. 한국전쟁 참전자에게는 Korea GI Bill, 베트남 전쟁 참전자에게는 Viet NAM GI Bill 등으로 구분하여 연금제도를 시행하고 있다.

미국의 보훈제도를 확실히 알려면 미국의 보훈복지의료공단

(VHA)을 살펴보는 것이 효과적이다. 미국의 군인건강의료처는 미국 내에서 가장 큰 의료지원시스템을 운영하고, 157개 병원, 1400여 개 외래 환자진료소, 133개 요양원, 47개 재가재활환자 프로그램, 232개 재활상담센터를 운영하고 있다. 의료지원을 비롯한 양질의 복지서비스도 미국 보훈복지제도의 특징 중 하나이다. 요양자서비스, 시각장애인을 위한 서비스, 재가요양, 지역생활센터, 치과진료, 직업재활, 여성 군인을 위한 건강지원까지 다양한 혜택 시스템을 미국 정부에서 정립해 두었다.

미국은 전사자들을 지극한 정성으로 예우하고 특히 무명용사 묘지를 국가 차원에서 각별한 애정을 가지고 관리함으로써 미국의 군인들은 전쟁에 참전하여 싸우다 죽은 것을 두려운 일이 아니라 자랑스러운 일로 생각하게 된다. 미국의 장병들은 자신이 자유주의를 수호하다 이국땅 어느 지역에서 목숨을 바치더라도 국가와 국민은 반드시 그리고 끝까지 군인의 명예를 책임지고 지켜준다는 믿음을 갖게 된다. 그래서 미국의 군대는 용감하고 희생정신이 강한 군대로 인정받고 있다. 결과적으로 미국이 세계에서 최고 강한 군대로 인정받는 것은 막강한 국력과 첨단무기 운용 능력뿐만 아니라 국가가 전사자에 대한 특별한 예우와 무한 책임을 져 준다는 군인들의 강한 신뢰가 뒷받침되었기 때문이다. 현재에도 미국의 많은 학교에서는 매일 아침 충성의 맹세나 국기에 대하여 경례하고 있으며, 11월 11일 제대군인의 날에는 가족들이 국립묘지를 찾아 전사자에 대해 경의를 표한다. 이러한 의식을 통해 학생들과 시민들에게 국가에 대한 충성심을 갖도록 유도하고 있다.

2) 캐나다의 보훈복지

캐나다는 매년 11월 11일을 리멤버런스데이(Remembrance day)라고 하여 국민들이 가슴에 양귀비꽃 모양 브로치를 달고 1차·2차 세계대전 참전용사, 6.25전쟁 참전용사의 넋을 기리고 있다. 캐나다는 제1차 세계대전에서 6만여 명이 전사하였는데 종전되던 1918년 11월 11일 11시를 '휴전일(Armistice Day)'로 지정하고, 1931년에는 이날을 현충일(Memorial Day)로 명칭을 변경하였다. 현충일에는 2분간의 묵념 뒤 방송에서 캐나다 참전용사인 존 맥크레(1872-1918)가 지은 '플랜더스 들판에서(In Flanders Fields)'라는 제목의 시를 낭송한다. 존 맥크레는 군의관 출신으로 양귀비가 피어있는 플랜더스 지역에서 자신의 전우를 잃은 슬픔을 시로 표현하였다. 그래서 캐나다에서 양귀비꽃은 추모와 현충일의 상징이 되었다.

플랜더스 들판에 양귀비꽃이 피었네! 줄줄이 서 있는 십자가들
사이에 그 십자가는 우리가 누운 곳 알려주기 위함. 그리고 하
늘에는 종달새 힘차게 노래하며 날아오르건만 저 밑에 요란한
총소리 있어. 우리는 이제 유명을 달리한 자들 며칠 전만 해도
살아서 새벽을 느꼈고 석양을 바라보았네! 지금 우리는 플랜더
스 들판에 이렇게 누워 있다네. (하략) - 존 맥크래(1872-1918)

온타리오 주, 퀘백 주 등의 캐나다 주요 도시에서는 매년 현
충일에는 수많은 군중이 모인 가운데 현충일 추념 행사가 열린
다. 매년 11월 5일부터 11일까지를 참전용사주간(Verterans Week)
으로 정하여 국가를 위해 희생한 참전용사들의 공헌을 추모하
고 애도를 표하는 뮤지컬, 연극, 교육 행사, 스포츠 행사 등 다양
한 기념행사와 기획 행사가 범국가적으로 개최되고 있다. 이때
사용되는 표어는 '우리가 그들을 잊지 않게 하소서!'라는 의미의
'Lest We Forget'이다.
특히 보훈주간에 다는 현충화(顯忠花)인 빨간색 양귀비 브로치
는 영국에서 시작하여 영연방(캐나다, 호주, 뉴질랜드 등)으로 퍼졌

다. 캐나다 전쟁박물관에는 1차, 2차 대전의 당시 상황을 고스란히 전시하는 것은 물론, 6.25전쟁 참전국으로서 'Korea War' 코너를 마련하여 전사자들을 추모하고 있다. 캐나다는 6.25전쟁 정전협정이 체결된 7월 27일을 '6.25전쟁 참전용사의 날'로 지정하고 캐나다 참전용사를 기리는 법정기념일 제정 법안을 최종 의결(2013)하였다(Korean War Veterans Day Act, Bill S-213). 이에 따라 캐나다는 매년 7월 27일 공식행사를 열어 캐나다 참전용사들을 추모하고 한국과 캐나다의 관계를 되새기고 있다. 유엔군 일원으로 참전한 캐나다는 1950년 7월 30일 캐나다 해군함정이 한반도 전투지역에 도착하였다. 캐나다는 인구 비례로 볼 때 가장 많은 병력을 파병한 국가이다. 1950년부터 1953년 7월 27일 사이에 26,791명이 6.25전쟁에 참전하여 516명 군인이 목숨을 잃었고 이 중 378명 시신이 부산 유엔군 묘지에 안장되어 있다.

가. 보훈프로그램

2006년 4월 1일에 캐나다 정부는 「캐나다 제대군인 보상법안」을 발효시켰다. '제대군인 신헌장'(New Veterans Charter)라고도 불리는 이 법안은 2차 세계대전의 종전 무렵에 확립되어 60년 이상 지속하여 오던 캐나다 제대군인 지원제도에 커다란 변화를 초래하였다. 새로운 제도가 도입된 이유는 제대군인 평균연령이 지속해서 낮아졌기 때문이다. 현재 제대군인 평균연령은 36세인데, 비교적 젊은 나이에 퇴직하게 됨으로써 제대군인들의 수요가 보다 다양해졌고 자립생활 필요성이 더욱 높아졌다. 이에 따라서「제대군인 신헌장」은 제대군인들의 개별화된 수요를 더 확고히 충족시키고 제대군인의 창업이나 구직을 지원하는 방향으로 보훈제도를 재편성하였다.「제대군인 신헌장」이 도입된 또 다른 배경으로는 노령화의 진전을 들 수 있다. 다른 선진국들과 마찬가지로 캐나다인의 평균수명도 늘어나고 있으며, 상이연금과 의료서비스 등 보훈제도 핵심 프로그램 운용 예산이 많이 증가하는 경향을 보인다. 인구노령화가 초래하는 재정적인 압박 문제에 대처하기 위해서「제대군인 신헌장」은 캐나다 보훈제도의 핵심인 1차·2차 세계대전, 6.25전쟁 참전 상이용사들이 받았던 연금을 폐지하고, 소득상실급여와 영구장애수당 및 상이보상금을 도입하였다. 영구장애수당은 과거 상이연금과 마찬가지로 연금 형태로 당사자가 사망할 때까지 제공된다.

반면에 소득상실급여는 재활 프로그램이나 구직지원 프로그램에 참여하는 것을 조건으로 상이군인이 직장을 얻기 전까지 제공되며, 상이보상금은 거액이 일시금 형태로 지급되어 상이 제대군인의 경제적 자립을 위한 자금으로 사용된다. 이처럼, 캐나다의 새로운 보훈복지제도는 한편으로는 상이 제대군인 경제적인 자립을 지원하면서도, 다른 한편으로는 연금의 비중을 크게 줄이는 쪽으로 개편된 것이다.

나. 재활프로그램(Rehabilitation)

재활프로그램은 1차·2차 세계대전, 6.25전쟁에 참전하여 장애를 입은 상이 제대군인들이 민간인의 생활로 복귀하도록 지원하는 제도이다. 이 프로그램에는 가족들도 같이 참여할 수 있으며, 상이 제대군인이 거주하는 지역사회 전문가들과 재활 시설들의 협조를 통해 이루어진다. 이 프로그램 적용 대상자는 사고나 질병으로 제대한 군인, 상이 제대군인 배우자, 사망한 군인의 유가족이며, 재활프로그램에는 다음과 같은 세 가지 서비스가 있다

첫째, 의료서비스는 의사나 간호사 등 의료 전문 인력들이 제공하는 서비스를 통해 상이 제대군인의 육체적 및 정신적 건강을 회복시키는 데 초점을 맞춘다. 핵심적인 서비스로는 통증 관리, 마사지, 물리치료 등을 들 수 있다. 둘째, 심리 및 사회서비스는 상담을 통해 제대군인들이 새로운 생활환경에 적응하고 독립

적인 생활을 유지할 수 있도록 지원하는 데 목적이 있다. 셋째, 직업 재활서비스는 군대에서 습득한 지식과 기술을 가지고 취업할 수 있는 민간 직장을 찾도록 도우며, 구직 프로그램(Vocational Assistance Program)을 통해 새로운 직업에 적절한 훈련을 받을 수 있도록 지원한다. 재활프로그램은 「제대군인 신헌장」의 도입으로 채택되어 특별히 강조되고 있는 보훈프로그램이다. 과거에도 의료서비스를 통해 재활프로그램들이 부분적으로 제공되었지만 「제대군인 신헌장」에서는 보훈프로그램의 핵심적인 부분을 독립시켰다. 재활프로그램은 장애를 입은 상이 제대군인들이 정상적인 생활을 할 수 있도록 3개 병원에서 지원하는 제도인데, 가족들도 함께할 수 있는 의료서비스, 심리사회서비스, 직업 재활서비스로 나뉘어 진행된다.

신체적 재활에 그치지 않고 사회로 복귀할 수 있도록 다양한 제도를 시행하고 있다. 의료서비스 의료급여, 제대군인 자립프로그램, 단체 의료보험이 추가되었다. 특히 의료급여 부분에서 일상생활 지원, 구급차 및 이동 서비스 등을 지원하고 있다. 정부 의료지원 예산중 32.9%(2015년 기준)가 편성되어 높은 비중의 금액을 투자하게 된다. 이처럼 재활프로그램이 강조되는 것은 「제대군인 신헌장」 하에서는 보훈제도가 보상금 및 생활지원금 제공 중심의 수동적인 지원체제로부터 상이 제대군인 자립과 자조를 촉진하는 능동적인 지원체제로 변모하고 있기 때문이다.

다. 재정지원프로그램(Financial Benefits Programs)

재정지원프로그램은 복무 중, 장애를 입은 제대군인들이 건전하고 품위 있는 생활을 유지할 수 있도록 보상금과 생활보조금을 지원하는 제도인데, 네 가지의 하위 프로그램들이 있다.

(1) 소득상실급여(Earning Loss Benefits) : 복무 관련 업무를 수행하다 장애를 입은 제대군인이 적절한 직업을 찾기 전까지 일시적으로 제공되며, 급여 수준은 제대 전 봉급총액의 75% 이상이다. 수급 대상자는 재활프로그램이나 구직지원프로그램에 참여하는 제대군인, 복무와 관련된 업무를 수행하다 상해 혹은 질병을 얻어 사망한 현역 혹은 제대군인의 유가족이다 .

과거에는 장애를 입은 제대군인 생활보조금으로 상이연금이 제공되었다. 「제대군인 신헌장」 도입 이후에는 1차·2차 세계대전, 6.25전쟁에 참전하여 장애를 입은 제대군인에 대해서 소득상실급여와 함께 영구장애 수당 및 상이보상금이 제공된다. 말하자면 기존 상이연금이 소득상실급여, 영구장애수당, 상이보상금 세 가지 급여로 나뉜 것이다. 소득상실급여액은 수급자의 장애 정도와 제대 전 봉급 수준에 따라 결정되며, 재활프로그램에 참여하는 수급자가 보훈급여나 군인연금 혹은 사회보장급여를 받는 것과 관계없이 지급된다. 이 급여는 장애로 인해서 일할 수 없거나 제대군인의 소득상실을 보충해 주는 역할을 한다.

과거 1차·2차 세계대전, 6.25전쟁에 참전하여 다친 군인들에게 지급되었던 상이연금이 사망 시까지 제공된다는 점에서「제대군인 신헌장」의 도입으로 상이 제대군인에 대한 보상이 줄어들 것처럼 보일 수 있지만, 실제로는 그렇지 않다. 새롭게 도입된 영구장애 수당은 사망 시까지 지급되기 때문이다.

(2) 영구장애수당(Permanent Impairment Allowance) : 회복할 수 없는 장애를 입어 민간 영역에서 직업을 찾기 어려운 상이 제대군인에게 제공된다. 수급 대상자는 심각하게 육체적, 정신적 손상을 입어 영구히 상이 보상금을 받은 제대군인이다. 영구장애수당은 소득상실 급여와 동시에 수급 받을 수 있다. 소득상실급여는 적절한 직업을 갖거나 65세가 넘으면 제공되지 않지만 영구장애수당은 수급자가 생존하는 동안 계속 제공된다.

(3) 보충퇴직급여 (Supplementary Retirement Benefits) : 소득상실급여를 받는 제대군인 가운데서 65세에 도달하였거나 직업을 갖게 되어서 소득상실급여를 받을 수 없게 된 사람들, 소득상실급

여를 받았던 제대군인의 유가족에게 일시금의 형태로 제공된다. 보충 퇴직급여는 소득상실급여의 중단에 따른 생계 어려움을 덜어 주기 위한 것이다.

2020년 6월 25일 센트럴파크 평화의 사도상 앞에서는 한국전쟁 70주년을 기념하는 행사가 열렸고, 온타리오 주 브램턴에 있는 추모의 벽에서도 한국전참전용사회 주관으로 한국전쟁 참전 기념행사가 열렸다. 캐나다의 초기 형태 보훈정책(1918년)은 다른 국가들에 비교해 앞서 있었다. 각종 의료서비스와 직업훈련을 무료로 제공하였다. 이후에는 캐나다 보훈병원이 민간화되어 딱 한 곳만 공공보훈 전문병원으로 남아(세인트앤 노인전문병원)있다. 이곳의 진료와 치료 체계는 독특하게도 지역의료 보험 제도에서 보장하고 있다. 이 프로그램은 주택관리, 가사 도우미, 개인, 식사, 쇼핑 이동 등 개인 맞춤형으로 지원해주는 보훈복지 프로그램이다. 일상생활 지원뿐만 아니라 구급차 서비스, 재택 의료, 보조기구 제공과 같은 의료적인 부분까지 지원하고 있다.

3) 프랑스의 보훈복지

프랑스는 UN 안보리 상임이사국이고 핵보유국이며 세계의 외교, 정치, 군사 등 모든 분야에서 막강한 영향력을 행사하고 있다. 프랑스는 왕조시대, 제정시대, 공화국, 1차·2차 세계대전 등을 거치면서 국가를 위하여 목숨을 바쳐 희생한 분들과 유족들에게 최대한의 배려와 지원을 아끼지 않음으로써, 보훈제도가 국민의 충성심을 유도하고 국가적 명예를 드높여 국민 단합을 끌어내는데 커다란 이점을 지니고 있음을 자각하고 있다.

가. 보훈정책의 특징

프랑스 보훈정책 특징은 '기억의 정치'라고 할 수 있다. 만일 어떠한 전투가 있었고 그 전투에서 어떠한 희생이 있었는가를 국민이 기억해 주지 않으면 국가 위기 시 국민의 자발적인 참여를 끌어내기 어렵다. 그래서 프랑스에서는 조국을 위해 싸우다 희생된 분들을 기억하는 것은 보훈 업무 정당성 확보의 결정적인 요인으로 보았다. 프랑스는 자신들이 승리한 전쟁이건 패배한 전쟁이건 관여했던 모든 전쟁은 '기억의 대상'으로 삼고 있으며 보훈의 또 한 가지 특색으로는 거리나 공원, 광장, 역 등에 조국을 빛낸 사람들의 이름을 붙이고 기념이 될 만한 유명관광지에는 참전용사 이름을 새겨 넣어 자연스럽게 기억하게 하고 있다.

싸움에서 이기고 돌아오는 군대를 환영하기 위해 세운 개선문에는 프랑스를 위해 몸을 바친 분들의 명단을 새겨 넣었다. 이로 인해 국민은 물론 관광객들 마음 한구석을 찡하게 만드는 등 전쟁 참전 희생자들에게 아낌없는 감사의 표현을 하고 있다. 또한, 개선문 아래에는 1920년도에 마련된 무명용사 묘소가 자리 잡고 있는데 그곳에서는 매일 오후 6시 30분이면 '추억의 불꽃'이라는 영원히 꺼지지 않는 추모 불꽃이 타오른다. 또한 거의 매일 추모 행사를 거행하여 순국선열, 호국영령들의 넋을 추모하고 호국정신을 기리는 산 교육장으로 활용하고 있다. 프랑스는 보훈정책이 국민의 이름으로 인정받고 보호를 받아야 하는 권리가 있음을 국민에게 이해시킴으로써 지원을 받아내고 있다.

나. 국가적 차원의 추모 행사

프랑스는 제2차 세계대전 전승기념일 5월 8일과 제1차 세계대전 전승기념일 11월 11일 오전 11시 개선문을 중심으로 12개 방사선 도로가 합쳐지는 에투알(etoile:별)광장에 대통령을 비롯한 정부 고위층, 외교단 유공자, 참전용사들이 참석한 가운데 1차·2차 세계대전 전승 기념식이 거행된다. 매년 프랑스 주재 한국대사관 무관부 주관으로 6월 25일 한국전쟁 기념식과 함께 10월에 유엔군의 일원으로 한국전에 참전한 프랑스 참전협회

주관으로 추모 행사가 거행된다. 이 행사를 통해 프랑스는 국민에게 유비무환, 위국헌신을 일깨우고 보훈 문화를 정착화하려하고 있다.*

또한 앵발리드 명예의 광장에는 나폴레옹 황제 1세가 레지옹도뇌르 훈장 수여식(1804.7.15)을 거행한 후 전통적으로 프랑스를위하여 헌신하였다면 산 자와 죽은 자 구별 없이 최대 경의를 표하고 있다. 오늘날에는 해외 작전에서 전사한 이들의 유해를 이곳으로 운구해 온 다음 국가원수가 참석하여 훈장추서와 함께엄숙한 영결식을 거행하고 있다. 프랑스는 이 행사를 통해 국가가 헌신한 전사자나 생존자들에게 끝까지 책임을 다하고 있음을보여주고 있다. 그리고 군사박물관 2층 벽면에는 6.25전쟁에 관련된 추모기념관이 있는데 6.25전쟁에 프랑스인 3,421명이 참전하여 287명이 전사하였다고 새겨져 있다.**

다. 보훈복지
프랑스는 유럽에서 가장 앞선 보훈복지 전통을 가지고 있다.

---

* 김무일, 「프랑스의 호국보훈문화」, 2017, 1-2쪽.
** 김무일, 앞의 글, 3쪽.

독일과의 전쟁 시(1871년)에 전사자에 대한 지원정책 필요성이 제기되었고 제1차·2차 세계대전을 겪으면서 체계적인 보훈 제도를 마련하였다. 프랑스는 미국, 호주와는 다르게 '보훈부'를 설치하고 보훈복지제도를 체계적으로 관리·운영하는데, 이것은 한국의 보훈처와 닮았고 참전용사와 전쟁희생자들의 권익을 위해 힘쓰고 있다. 프랑스의 보훈부는 보상금 지급, 의료보호, 직업 재활 등의 보훈복지정책을 펴고 있으며 나라를 위해 희생한 분들에 대한 보답과 추모에 최선을 다하고 있다. 전쟁희생자사무국(ONAC)의 주요임무는 자격부여인데, 보훈부에서 다양한 제도의 혜택을 받을 수 있는 대상자들을 구분하고 임명하는 기관이다. 개인적인 사회활동을 지원하기도 하고 자격 신청을 지도하는 등 보훈부를 찾기 전에 모든 업무를 전쟁희생자사무국에서 해결해 준다.

또한 전쟁희생자사무국은 북아프리카, 레지스탕스, 수용자, 강제노동자, 알자스인, 모젤릴인, 구금 등 다양한 증서자격의 종류를 구분하고 훈장을 발급한다. 그리고 8개 요양원을 지방 곳곳에 배치해 두었는데, 많은 노인들이 이곳에서 사회활동을 지원받고 건강관리를 받을 수 있다. 인파가 많이 몰려 이용이 어려울 때는 사무국(ONAC)에서 발급한 '블루에드 프랑스 라벨'이 있는 요양시설에서도 보훈대상자들이 혜택을 받을 수 있는 정책이 준비되어 있다. 1670년대 루이 14세 때 전쟁 중 상처를 입은 군인들을 위해 큰 규모의 보훈병원을 개설하였고, 지방 곳곳에 총 8개의 요양원을 운영하고 있다. 국립상이병원은 요양시설과 군사박물관으로 구성되어 있는데 이곳은 루이 14세가 완공한 상이군 호텔이 모체이다. 1991년에 이르러 기존의 참전군 수용기관의 특징을 유지하면서 일반 상이환자도 수용하는 공립병원으로 전환되었다. 이곳은 병원장, 부원장, 국장, 군의관 등 주요업무에 군인들이 배치되어 있다는 것이 우리나라와 다르다.

즉 프랑스는 국가 보훈정책을 국민의 애국심을 함양하고 국가 명예를 높이는 수단으로 여기고 있다. 즉 보훈 대상으로 참전군인과 유가족뿐만 아니라 레지스탕스, 전쟁에서 희생당한 일반 국민까지 포함함으로써 전 국민의 애국심을 하나로 묶으려고 한다. 프랑스 국민은 보훈정책을 펴는 데 막대한 국가 예산이 필요한 것을 부담스러워하기보다는 오히려 국가와 민족 자긍심을 높이는 것으로 생각하고 있다.

4) 호주의 보훈복지

호주 보훈복지제도를 이해하기 위해서는 역사적 배경부터 알아야 한다. 호주는 영국으로부터 독립해 온 역사가 있는데, 우리나라 '광복'과는 성격이 다르다. 1901년 호주는 영연방이 성립될 시기부터 자연스럽게 독립국으로 인정받게 되었다. 이러한 역사적 배경 하에 호주는 국가유공자라 부를 만큼 개개인 희생을 치르지 않음으로써 보훈복지에 큰 의미를 부여하지 않았다. 간단히 말하자면 호주에서의 보훈복지는 사회복지 제도의 정책 보완 수준으로 인식되지만 그렇다고 해서 호주 보훈제도를 미약하다고 볼 수 없다. 호주에서는 국가유공자 개념이 군인 당사자와 50세 이상의 제대군인, 미성년 자녀에 한정된다. 보훈대상자에 따라 세 가지 색의 카드를 발급하여 구분하고, 서로 다른 의료혜택을 보장하고 있다.

호주는 군복무 중과 참전군인을 구분하여 군복무로 인한 사고와 질병에 따라 무료진료 혜택을 받을 수 있는 흰색 카드가 발급되며, 1차·2차 세계대전과 6.25전쟁 및 베트남전 참전군인의 결핵이나 암, 외상후스트레스 질환 등의 치료를 위해서는 금색 카드를 발급한다. 금색 카드를 소지한 자에게는 대부분 질환을 무료로 진료하고 치료 혜택을 부여한다. 그리고 주황색 카드는 두 카드와는 달리 '약품비'를 보조받게 된다. 전쟁 참전용사, 70세 이상 노인, 10년 이상 호주에 거주한 자만 발급된다. 호주는 대한민국과 다르게 의료보험제도가 없어 의료비 감면 등의 혜택으로 삶의 질 향상을 도모하고 있다.

가. 호주의 이색적인 6.25 참전 70주년 기념

호주는 6.25전쟁 70주년을 맞이하여 시드니 총영사관과 한국문화원이 기획으로 경전철에 한국전쟁 참전 기념 70주년 캠페인을 벌였다. 행사 내용은 한국전쟁 참전용사 8인의 70년 전 얼굴 사진을 경전철에 붙이고 도심 운행을 하였다. 8인의 참전용사로는 크로포드 전 제독 외에도 종군 간호사로 참여한 그레이스 버리, 호주 원주민 출신 병사 스티브 도드, 20세 나이에 뛰어난 전투 지도력을 보인 브라이언 쿠퍼 등이 있으며 참전용사들 사진을 부착하고 사연을 소개하였다.

이날 개막 행사에는 제프 리 뉴사우스웨일스(NSW)주 보훈장관 대리는 기념사에서 "한국을 지키기 위해 호주 군인 1만 7,000명이 한국전에 참전했다"라면서, 이 행사는 한국전에 참전한 호주 용사들의 용기와 희생을 호주 국민들이 기억할 수 있도록 하기 위한 것이라고 밝혔다. 홍상우 주시드니 총영사는 생존한 호주 참전용사들이 점점 줄어들고 있는 것이 안타깝다고 밝히면서 대한민국 정부와 한국인들은 그들의 숭고한 희생에 항상 감사하게 생각하면서 영원히 잊지 않을 것"이라고 강조했다. 한국전쟁 발발 70주년 시드니 경전철 캠페인은 5주 동안 진행되었다.*

2020년 6월 24일(현지 시간) 호주 시드니 중앙역에서 열린 한국전쟁 발발 70주년 시드니 경전철 캠페인 개막 행사의 한 장면인데, 사진 속에서는 젊은 병사가 환하게 웃고 있고, 사진 밖에서는 주름살투성인 노병이 활짝 웃고 있다. 이 노병은 크로포드 전 해군 제독이다. 크로포드 제독은 "한국전에 참전하기 직전 돌아가신 아버지가 원해서 찍은 사진"이라면서 "6.25전쟁에 참전한 호주 용사들의 헌신과 희생을 기억할 수 있도록 경전철 캠페인 행사를 통해 기념하는 것에 대해 매우 고맙게 느낀다"고 소감을 밝혔다. 그는 17세에 호주 해군에 입대 후, 한국전에 참전하여 인천상륙작전과 유엔군 철수 작전 등에 관여했다.

---

* 〈연합뉴스〉, 2020.6.24. 보도

나. 재가 복지 서비스와 상담프로그램(VVCS)

호주의 경우는 보훈대상자만을 치료하는 병원은 없다. 모두 민간병원에 위탁하고 다양한 방법으로 미비점을 보완하고 있다. 호주의 재가 서비스는 국가유공자가 거동하기가 어렵거나 이동 수단이 마땅하지 않을 때 제공된다. 매달 공무원들이 국가유공자들을 직접 찾아가 서비스와 혜택을 제공하고 있다. 보훈 대상자가 자택에서 심리적으로 육체적으로 편안함을 느끼는 가운데 각종 보훈 혜택을 받을 수 있어 호응이 좋은 제도이다.

호주의 이러한 보훈 제도는 대한민국 보훈처 재가 복지서비스의 모체가 되었다.* 호주 보훈복지 시스템에서 한국이 벤치마킹한 사례가 많은,데 호주의 상담프로그램도 우리나라가 벤치마킹하였다. 호주의 상담프로그램의 기원은 1982년으로 거슬러 올라간다. 베트남 전쟁 당시 호주인이 참전하여 520여 명이 희생되었다. 참전용사들이 심리적 불안감과 고통을 호소하자 호주 정부는 이를 해결하기 위해 상담프로그램을 운영하였다. 상담은 참전용사는 물론 가족들에게도 확대하여 운영하였다. 상담은 전

---

* 한국보훈복지의료공단, 「지구 반대편의 복지제도」, 2018, 3-4쪽.

화 상담, 원격화상 상담 등의 다양한 방법이 제공되었다.

4. 대한민국의 보훈복지와 나아갈 방향

1) 대한민국 보훈복지 현주소

대한민국 보훈복지정책을 한마디로 이야기한다면 선진국 대
열에 진입하였다고 말할 수 있다. 6.25전쟁 직후 최빈국이었던
대한민국은 2020년 현재 국내 총생산(GDP)이 1조 6천억 달러로
세계 12위에 진입하였고, 7개국 밖에 없는 '30-50클럽(1인당 국민
소득 3만 달러 이상, 총인구 5천만 명 이상) 국가' 중 하나이며 군사력
순위 세계6위이다. 이처럼 우리가 부강한 나라가 된 것은 나라
를 위해 헌신한 분들의 희생이 있었기에 가능하였음은 그 누구
도 부인할 수 없다. 대한민국 위상이 높아진 만큼 보훈 업무도
선진국 반열에 들어서고 있다.

가. 위상이 격상된 보훈처

대한민국 보훈 업무는 국가보훈처에서 주관하는데, 보훈처장

은 2017년에 차관급에서 장관급으로 격상되었다. 보훈대상자는 총 237만 명이고, 국가독립에 헌신한 순국선열 애국지사, 호국에 힘쓴 전쟁 참여자, 민주화에 힘쓰신 분, 기타 제대군인 등으로 구분된다. 국립묘지 10개, 기념관 6개, 보훈병원 6개, 보훈요양원 6개 등 다양한 시설을 보유하고 있다. 예산은 세출 기준 5조 5,297억 원 정도이다.* 대한민국 보훈은 1950년 군사원호법 제정으로부터 시작되었으며 1961년 군사원호청이 창설되면서 근대적인 보훈이 도입되었다. 1985년 국가보훈처로 개편하여 지금에 이르고 있으며, 보훈정책으로 국가유공자의 희생, 공헌에 따른 합당한 예우를 실현하려 했다.

국가보훈처에서 지급하는 보상금은 각종 사회경제 지표보다 높은 수준으로 인상하였고 생활이 어려운 유공자, 손·자녀 대상으로 생활지원금을 지급하고 있다.

또한, 보훈 가족에 대한 의료·복지를 확대하려 했고 위탁병원 확대, 진료비, 약제비 부담 경감, 보훈대상자 심리 재활 서비스를 신설하였다. 이 외에도 국가유공자에 대한 예우를 강화하였고

---

* 박삼득, 「제178회 세종로 국정 포럼 특강자료」, 2020. 2.

국가유공자 명패 달아드리기 사업, 품격 있는 장례의전을 제공하고 있다. 보훈 분야 국제협력을 강화하여 UN 참전용사 재방한 초청, 호주 멜번 한국전참전기념비 제막 등을 진행하고, 최근에는 마스크를 22개국에 100만 장 이상을 지급하였으며,* 또한 박삼득 국가보훈처장을 비롯한 정부대표단은 유엔참전국과 보훈사업 협력을 위해 미국과 캐나다를 방문(20.2.16-22)하였다. 우선 미국 워싱턴D.C 한국전쟁 전사자 '추모의 벽' 건립을 위한 설계비 20억 원을 전달하였으며, 장진호 전투 기념비에 헌화하였다. 그리고 캐나다 전쟁박물관을 공식적으로 참배하였다.

그뿐만 아니라 일반기업에서도 국가 보훈복지에 관심을 가지기 시작했다. 광주와 대구지역 KT 지사는 지역 내 국가유공자와 취약계층 어르신 80여 명에게 '스마트 약상자'를 보냈다. 스마트 약상자는 약 복용 시간을 알람으로 알려 주고, 어르신이 약을 먹으면 데이터를 서버에 전송하는 솔루션이다. 향후 보훈정책 추진 방향은 독립 및 호국, 민주가치가 조합된 보훈정책을 추진함으로써 국민통합을 이루어 내는 것이다. 또한, 국가유공자 요건

---

* 박삼득, 앞의 특강자료 참조.

기준 정비, 보훈 사각지대 해소 등에 힘쓰고 보상대상자 간 공정한 보상 기준을 마련하여 국가유공자를 존경하는 분위기를 조성하며 미래세대에도 나라 사랑 정신 함양을 강화하는 방향을 모색하고 있다.

나. 6.25전쟁 전사자 유해 발굴

우리 군은 오랫동안 6.25전쟁 전사자 유해 발굴을 진행하고 있다. 최근에는 비무장지대인 화살머리고지에서 집중적으로 유해 발굴을 추진하고 있다. 국방부는 나라를 위해 희생한 전사자 넋을 위로하고 유가족들의 오랜 염원을 해소하기 위해 2007년 유해 발굴 전문기관인 '국방부유해발굴감식단'을 창설하였다. 2018년까지 총 11,551위의 유해를 발굴하였고 44,428명의 유가족으로부터 DNA 시료를 채취하였다. 전사자 신원도 확인하여 131위를 유가족 품으로 돌려보내 드렸다.*

---

* 국방부, 『국방백서 2018』, 205-206쪽.

구분	계	2000-2009	2010	2011	2012	2013	2014	2015	2016	2017	2018
발굴 유해	11,551	2,875	1,440	1,387	1,041	736	913	622	429	448	376
군경	10,204	10,204	1,328	1,300	989	671	809	561	387	420	362

* 유해 발굴 누계 총 11,551(아군군·경 10204, 유엔군 18, 적군 1,329) 미 DPAA봉한 국군 유해 65구 포함

전사자 유해 발굴 사업은 우리나라가 선진강대국으로 진입하기 위해 필수적으로 거쳐야 하는 절차로, 국가를 위해 희생한 분들을 위한 당연한 책무이자 진정한 보은(報恩)이라고 할 수 있다. 따라서 우리 군은 전사자 유해 발굴 사업을 추진하면서 국민적 공감대를 이루어 나감으로써 유사시 우리나라가 위기에 직면했을 때 국민이 참전하는 데 주저함이 없도록 유도하고 있다.

우리 정부도 국가를 위해 희생한 분들은 끝까지 책임지겠다는 자세로 유해 발굴을 하고 있다. 최근에 북한지역에서 발굴되어 미국 하와이로 옮겨진 6.25전쟁 국군전사자 유해 147구가 70년 만에 조국의 품으로 돌아왔다. 대한민국 국방부와 미국 국방성 산하 전쟁포로실종자확인국(DPPA)은 현지 시각 2020년 6월 24일 오후 4시 하와이 진주만‒히캄 합동기지에서 유해 147구를 한국으로 봉환하기 위해 유해 인수식을 열었다. 이날 봉환된 유해는 북한의 개천시 운산군 장진호 일대에서 발굴된 유해 중에

국군 유해로 판정된 구이다(한미 공동 감식으로 이미 세 차례 92구의 유해가 송환된 바 있다). 유해 인수식에서 미국 성조기로 싸여 있던 유해 상자를 미군 2명이 조심스럽게 벗겨낸 뒤 이를 유엔기로 다시 감싸고 마지막에 태극기로 한 번 더 갈아입히는 관포절차를 진행하였다.*

다. 군의 특수성이 반영된 연금제도

군인은 생명을 담보로 고통스럽고 힘든 열악한 환경 하에서 복무하다가 전역하게 된다. 군인연금은 이러한 군복무 특수성을 반영하여 불안정한 생활을 보장해주는 성격을 띠는 동시에, 국가를 위해 숨진 전사자에 대한 보상의 의미를 겸하고 있다. 또한, 전쟁에 참전하여 신체장애가 발생한 사람의 상이연금을 청구할 수 있도록 군인연금법이 2017년 11월 28일 개정되었다.** 군인재해 보상제도는 군인연금과는 목적이 다르고 재원 충원 방식도 달리함에도 1963년 군인연금법이 제정될 때 통합되어 운영되고 있다. 공무 수행 중에 발생한 군인재해에 대해 국가가 책임

---

* 〈중앙일보〉 2020. '6.25전쟁 영웅들 70년 만에 귀한'.
** 앞의 『국방백서 2018』, 204쪽.

을 지는 것은 당연하지만, 충분한 보상을 해주는 데는 재정상 한계가 있었다. 이에 따라 국민 눈높이에 맞게 보상 수준을 높이고 군인 재해보상 제도가 현실적으로 제기하는 문제점을 보완 및 발전시키기 위해 군인재해 보상법을 제정하였다. 주요 내용은 병사에 대한 장애 보상금 대폭 상향, 순직 유족연금 보상수준 현실화 등 보상 수준을 한층 강화한 것이다.

2) 대한민국 보훈복지의 지향 방향

강대국은 뛰어난 지도자의 용병술과 전사들의 용맹성을 갖춘 것은 물론, 상대가 적일지라도 배울 것이 있으면 배우고 포용할 것은 포용하는 관용의 사회구조를 통해 더불어 살아가려는 마음을 갖추고 있다. 거기다가 보훈복지로서 전사자에 대한 예우 제도가 정비되어 있어 강대국으로 거듭날 수 있었다. 오늘날의 선진강대국들도 나라를 위해 희생한 분들에게 각별한 예우를 다하는 것은 물론 그분들의 공적에 대해 통 큰 포상을 수여하는 서훈(敍勳)이 날이 갈수록 강조되고 있다. 이것은 전사자의 죽음을 진심으로 추모하고 상이자와 유족들의 생활안정을 보장하며, 명예를 고취하는 보훈복지정책이 세계 최강국으로 만드는 원동력이 되고 있음을 보여주는 것이라 하겠다.

　우리나라도 선진국 못지않은 보훈복지정책이 자리 잡혀가고 있지만, 진정한 선진국으로 진입하기 위해서는 보훈 문화가 국민 일상생활 속에 정착되어야 한다. 국민의 의식과 일상생활 속에서 나라를 위해 목숨을 바친 수많은 선열, 호국영령, 민주투사의 거룩한 희생을 기억하고 기리는 자세가 무엇보다 중요하다. 보훈 문화에 대한 국민 인식이 달라져야 하고, 전사자 추모에서도 진정성이 곁들여 있어야 한다. 무엇보다 중요한 것은 보훈은 어떠한 정치적인 색채를 띠어서도 안 될 뿐만 아니라, 대상자들 간에 보상 방법이나 보상액에 있어서 부당한 차별이 없어야 한다는 점이다.

5. 맺음말

"역사를 잃은 민족에게는 미래가 없다."라는 신채호 선생의 말처럼 국가를 위해 희생한 순국선열과 호국영령에게 감사함을 표현하지 않거나 추모하지 않는 나라는 안전(안녕)과 발전을 기약하기 어렵다. 왜냐하면, 그분들의 정신을 되살리고 기억하는 것은 과거에 연연하거나 얽매이는 것이 아니라 닥쳐올 미래 위험에 대비하는 것이기 때문이다. 인류 역사에 있어서도 고대 이래 강대국들은 공통으로 전사자에 대한 예우와 추모 정신이 남달랐음을 알 수 있다.

오늘날 초강대국으로 군림하고 있는 미국은 "국가를 위해 희생한 자는 영원히 국가가 책임을 진다."라는 차원에서 그들을 전쟁 영웅으로 우대하였을 뿐만 아니라, 남겨진 가족들에게 충분하게 보상을 해줌으로써 충성심을 끌어냈다. 캐나다는 리멤버런스 날에는 양귀비 모양 브로치를 달고 참전용사 존 맥크레가 지은 플랜더스 들판이라는 시를 낭송하고, 프랑스 국민은 보훈정책을 펴는데 막대한 예산 사용을 부담스러워하는 것이 아니라 국가와 민족의 자긍심을 높이는 것으로 생각하였다.

프랑스는 승전기념관뿐만 아니라 거리나 공원, 역 등에도 조국을 빛낸 사람들의 이름을 붙이고 유명관광지에 참전용사 이름을 새겨 넣어 기억하게 하였으며, 호주에서 6.25전쟁 70주년을 맞아 경전철에 한국전 참전용사 8인의 70년 전 사진을 붙이고 도심 운행을 시도한 것은 우리에게 시사하는 바가 크다.

현재 대한민국의 위상은 놀랄 만큼 달라졌다. 6·25전쟁 당시 가장 가난한 나라에서, 오늘날 세계 12위의 경제 강국이 되었다.

보훈복지에서도 외관상으로 볼 때 선진국 대열에 진입해 있다. 우리가 주지해야 하는 것은 이러한 높은 위상이 있기까지 수많은 선열과 호국영령, 민주투사의 거룩한 희생과 헌신이 있었다는 사실이다. 따라서 대한민국이 존속하는 그날까지 이분들을 높이 받드는 것은 물론, 그 정신을 국민 뇌리에 기억되도록 해야 한다.

하지만 돌이켜보면 희생에 대해 감사를 표하고 추모를 하는 데에 어느 정도 진정성이 있었는가를 자문해 보지 않을 수 없다. 보훈복지가 진정한 선진국 수준에 도달하기 위해서는 의료 및 연금제도 등 정책 차원의 지원과 뒷받침도 필요하지만, 더욱 중요한 것은 희생정신을 기억하여 계승 발전시키는 것은 물론 국민이 진심으로 유공자들을 추모하는 자세이다.

그러나 아직도 대상에 따라 보상 수준이 달라 갈등이 생기고 있는 것은 안타까운 일이다. 보훈에 대한 보상 수준과 방법에 대해서도 국민통합이 이루어질 때 진정한 보훈의 역할이 완성되는 것이다. 보훈에는 종파가 있을 수 없고 어떠한 정치색채에 따라서 휘둘려도 안 될 것이다.

21세기 우리가 이 자리에 있는 것은 20세기 선배들의 혹독한 희생과 헌신이 바탕이 있었기 때문이다. 우리가 호국영령, 순국선열, 민주열사들을 잘 모셔야 하는 것은 이분들의 희생이 헛되지 않게 하고, 그들이 자유와 민주의 가치를 어떻게 지켰는가를 기억하고 오늘 우리 삶의 귀감으로 삼아야 하기 때문이다.

결론적으로 우리 국민의 마음속에서 그리고 국가 시스템적으로 호국영령, 순국선열, 민주열사에 대하여 진정성 있게 넋을 기리고 남겨진 가족들을 극진하게 예우하는 보훈복지를 잘함으로써, 국가가 위기에 처했을 때 국민이 죽음을 두려워하지 않고 국가와 국민의 안녕을 수호하는 일에 나설 수 있도록 하는 것이다. 보훈복지의 참뜻을 제대로 알고 생활 속에서 실천해 나갈 때 진정한 선진국으로 거듭난다는 사실을 알아야 하겠다.

우리의 꿈,
보훈이 당당한 복지국가

변 해 영_ 을지연구원 국방미래교육센터장

"보훈이란 무엇인가?"라는 물음은 "누구를 위한 보훈인가?"라는 물음이다. 보훈대상자들은 국민과 떨어져 있지 않다. 바로 나의 부모 형제이며 자매이다. 그분들에 대한 복지가 좋아야 한다. 복지국가로서 마땅히 인간답고 정의로운 보살핌이다. 행복의 시작이다. 모두가 꿈꾸는 나라, 보훈이 당당한 복지국가를 그린다.

1. 아련한 기억을 보듬어주는 보훈

누군가를 기억하고 추모한다는 것은 우리들 삶의 아픔과 애절함, 그리고 아련한 기억을 떠올리는 일이다. 김춘수 시인의 「물망초」는 잊을 수 없는 당신을 그리고 있다.

꽃피고 바람 잔 우리들의 그날, 나를 잊지 마셔요.

그 음성 오늘 따라 더욱 가까이에 들리네

들리네.

한 국가의 보훈은 국가에 대한 개인의 헌신과 보은의 관계에서 시작한다. 국가의 발생과 동시에 어떤 형태로든 보상적 개념의 보훈제도가 자연적으로 생겨난 것이다. 보훈의 역사는 국가의 성립과 존재, 그리고 국가 발전의 역사와 궤를 같이한다. 따라서 국가의 역사는 어쩌면 보훈의 역사라고 해도 과언이 아니다.

국가의 정체성은 보훈의 표상으로 나타난다. 대부분의 나라에서 보훈을 한다는 것은 국민 개개인이 국가 공동체를 위하여 희생하고 헌신하는 것에 보답하기 위하여 국가가 행하는 보은 행위라고 본다. 그것은 국가 공동체와 그 성원의 기본적이고 도덕적인 행위이며, 공동체의 부채 의식에 대한 무한 책임을 지는 일이다. 이것은 단순히 물질적인 보상이 아니라 국가 공헌과 희생의 가치를 애국정신으로 승화시키고 국가로 국민을 통합시키는 연결고리가 될 수도 있다. 국가보훈은 바로 노블레스 오블리주(noblesse oblige)의 애국심의 발로이며, 명예 존중의 국민정신을 만들어내는 원천이다.

그렇다면 역사적 관점에서 보훈은 무엇일까? 일찍이 플라톤(Plato)은 공동체에 대한 애국심이나 권위에 대한 시민의 복종은 역사적 사건과 서로 잘 연결되면 그것이 잘 유지될 수 있다고 하였다. 피에르 노라(Pierre Nora)는 공동저작인 『기억의 장소(Les Lieux de Mémoire)』에서 박물관, 기념비, 묘지와 같은 시설물과 국기, 기념일, 구호, 선언문 등과 관련된 정치적·문화적 의미를 상세히 부여하고 있다. 기억의 시제는 현재에서 과거를 보는 것이다. 다분히 정치적 관점을 가질 수밖에 없다. 그러나 역사와 과거는 엄연히 다르다. 그것은 단순한 기억의 회상이 아니다. 역사란 무엇인가? 이 물음은 매우 어리석은 질문이다. 키스 젠킨스(Keith Jenkins)는 "역사 담론은 역사가에 의해 만들어진 언어적 구성물에 불과하다"라고 하였다. 역사가의 인식론, 방법론과 이데올로기적 입장에 따라서 서술적 언어 구성은 달라지기 때문이다. 그래서 역사는 항상 단수가 아니라 복수이다. 지식과 권력의 카르텔이다. 역사는 누군가를 위한 역사가 되기도 한다. 역사의 기억은 누군가의 웃음으로 굴절되기도 하고. 누군가의 아픔으로 우리의 감정을 시리게도 한다.

과거의 진실을 엄격하게 알 수는 없다. 그러나 분명한 것은 기억의 회상을 통하여 실체적 사실에 접근해야 한다는 것이다. 역사의 객관적 사실은 단수로 존재할 수가 없다. 더군다나 누군가를 위하지 않는 과거의 역사는 없을 것이다. 그래서 지나온 역사는 후세들 마음의 역사이다. 반성의 역사이다. 그것은 슬픈 역사를 되풀이하지 않겠다는 다짐의 역사이다. 강한 민족과 국가를 통합시키는 중요한 정치적 의제(agenda)이며, 뜨거운 용광로이다. 역사 속의 기억을 소환하여 국가의 정체성을 만들어내고, 국가와 국민의 갈등과 긴장을 상생으로 만드는 것이 보훈의 의무이며 책무이다.

'보훈에 대한 아련한 기억의 회상'을 하고 싶다. 독립을 위한 처절한 저항으로부터 6.25전쟁의 아픔을 딛고 국가 발전을 위한 새로운 보훈의 정체성을 만들어 국민통합의 불쏘시개 역할을 하게 하자. 기억의 공유를 통하여 혈육의 다리를 연결해서 나가자. 집단의 기억은 국가의 이념이나 국민의 가치관에 직접적 영향을 미친다. 당연히 역사는 상대화시켜야 한다. 이제는 과거의 주관적 역사관을 무참하게 깨어야 한다. 다양한 역사적 장르가 민주적 정부 아래서 보훈의 가치와 진실들을 더욱 빛나게 할 것이다.

보훈의 진실에 실체적으로 다가가야 한다. 지금까지의 보훈이 반도덕적이고 회의적이며 역설적이고 세속적이었다면 더욱더 그렇다. 물론 진실은 권력과 가깝다. 늘 권력에 귀속되고 구속된다. 그러나 우리 사회는 산업화를 거치면서 민주화를 이루었고 진실 보편의 '대중정치'를 만들었다. 헐벗고 가난했던 비루함 속에서 비겁했던 친일의 세력도, 지주의 멸시 속에서 천대받던 노비의 빨간 완장도 모두가 우리나라 백성이고 한민족의 구성원이었다. 자유와 평등이 살아서 꿈틀거리는 대한의 시민이었다. 일제로부터의 해방과 독립, 이어지는 건국과 호국, 부국을 향한 근대화의 물결, 그리고 자유와 민주주의를 향한 노정에서의 지난한 공과 논쟁은 국가의 아련한 보훈의 기억으로 되새기자. 피투성이 상처와 능욕, 굴신과 증오를 사랑과 용서로 보듬어주는 새로운 보훈의 역사에서 높은 산을 머금고 큰 강을 새로 만들자. 우리들 가슴에 바다를 품어야 한다. 그리하여 장대한 백두대간의 정기를 휘감아 푸르디푸른 동해를 거쳐 광활한 태평양 바다로 도도히 흘러가야 한다.

2. 국민 행복은 복지에서 시작한다

오지 탐험가이자 저널리스트인 댄 뷰트너(Dan Buether)는 여러 전문가와 함께 세계적인 장수촌으로 알려진 이탈리아의 사르데냐, 일본의 오키나와, 그리스의 이카리아 등을 돌아다니며 그곳 사람들이 오래 사는 비결을 추적 연구했다. 그리고 그 연구 결과를 『블루존』이라는 책에 담아 세상에 공개했는데, 그 비결이 특별한 것은 결코 아니다. 그들의 장수비결은 그저 잘 먹고, 잘 움직이고, 잘 어울리고, 오늘을 그저 행복하게 산다는 것이었다.

삶은 때론 고달프지만 행복하기도 하다. 꿀벌은 꿀을 모으기 위해 존재하지 않는다. 인간도 마찬가지다. 행복을 찾아가는 존재이지만 행복하기 위해 사는 것만은 아니다. 인간은 자연법칙의 절대 명제인 생존을 위해 살아왔으며 살아가고 있다. 꿈과 행복, 그 자체가 존재의 목적이라기보다는 삶 자체를 지키는 생존의 수단이다. 인류의 역사는 살아남은 사람들의 이야기다. 인간의 행복과 불행의 원천은 사람에게 있다.

영국의 철학자 데이비드 흄(David Hume)은 "사람은 이성과 감성의 동물이다. 그러나 이성은 감정의 노예이다."라고 하였다. 인간의 이성으로 통제되는 것이 감정이 아니라는 의미로 이해할 수 있다. 무의식적이고 동물적인 '우리의 잠재적 본능'이 의식적이고 합리적인 이성과 늘 다투고 타협하고 충돌하며 전쟁을 일으키기도 한다. 인간들의 참모습은 과연 무엇일까? 내가 행복하기 위해서 타인의 삶과 행복은 짓밟아도 무방한지에 대한 논쟁은 유구한 역사에 걸쳐 계속되어 왔다. 행복은 본질적으로 감정의 경험이다. 행복의 관점에서 소유의 지배는 종말을 맞이하고 있다. 이제는 바야흐로 접속과 공유의 시대이다. 다양한 경험을 무한대로 느끼는 감정과 감성의 시대인 것이다.

국가의 삶과 생존도 그렇다. 국가는 국민의 행복을 책임져야 할 책무가 있다. 국민의 고통을 덜어줘야 할 책임도 있다. 우리는 이런 국가에 산다. 그래서 국가의 통치구조는 대단히 중요하다. 국가 통치의 기초는 어떤 외재적 권위나 우주의 자연 질서에서 비롯된 것이 아니다. 그것은 우리 사회의 자유롭고 평등한 개 개인이 공동으로 받아들인 결과이다. 자유로운 정치질서 안에서 주권은 국민에게 있고, 국가권력은 정치공동체 속의 자유롭고 평등한 시민들이 공동으로 소유하며, 정치권력의 행사는 국가의 최고 법률인 헌법에 의거하여 이루어진다. 어떤 사회이든지 국 가의 강제성과 개인의 자주성에는 상당한 틈새와 갈등이 존재한 다. 그렇다. 자유로운 연합체에서 살아가고 있는 우리 모두에게 는 국가가 통치 질서를 강제로 유지하도록 도덕적으로 허용하고 있으며, 국가는 도덕적 권위를 얻지 못한다면 그 통치 질서는 정 당성을 잃게 된다.

그렇다면 자유주의 공동체는 왜 이렇게 정당성의 원칙을 중시 하고 있는가? 존 롤스(John Rawls)는 이를 '자유주의적 정당성의 원칙(liberal principle of legitimacy)'이라고 하였다. 한 사회의 통치 구조나 정치질서는 그 구조 안에 있는 사람들의 합리적 동의가 없이는 정당성이 없게 된다는 뜻이다. 그는 또한 『정의론』에서 "공정(fairness)이 곧 정의"라고 규정한다.

대한민국은 자유와 민주주의를 근간으로 하는 정의의 국가이 다. 국가란 과연 무엇인가? 존 로크(John Locke)는 국가는 법률을 제정하고 무력을 사용해서 그 법률을 집행하는 정치적 실체라고 하였다. 다시 말하면 국가는 국민에게 국가의 명령에 복종을 강요할 수 있다. 복종하지 않으면 처벌도 하고 자유를 구속하기도 한다. 그러나 장 자크 루소(Jean-Jacques Rousseau)의 『사회계약론』에 의하면 그 누구도 자신과 같은 사람들을 지배할 천부적 권위를 가지고 있지 않다. 강제력만으로는 그 어떤 권리도 탄생시킬 수 없으므로, 사람들 사이의 합법적이고 정당성을 갖춘 권력은 계약에 근거해야만 한다. 이는 강제력을 권리로, 그리고 복종을 의무로 하는 사회계약을 통해서 국가가 평등하고 자유로운 사람들이 일치하고 동의하는 결과물을 보장한다고 보기 때문이다. 결국, 국가권력의 정당성은 인간에 대한 이해가 전제된 도덕성에 있다.*

인간을 이해해야 한다. 인간은 자주적이고 도덕적인 주체로서 이성적으로 판단하며 도덕적인 선택을 할 수 있는 능동적인 존재이다. 의식이 무의식을 지배하는 삶이 자주적인 삶이다. 자주성의 발현은 인간의 행복과 존엄을 만든다. 누구나 자신만의 온전한 삶을 갈구한다. 자아실현의 종점은 도덕성의 완성이다. 그

---

* 유시민, 『국가란 무엇인가?』, 돌베개, 2017, 49~52쪽, 57~62쪽.

래서 인간들은 존재론적 관점에서 자아의 자유를 추구한다. 종교의 자유와 정치적 자유, 직업의 자유와 생활양식의 자유, 자기표현의 자유 등을 포함한 선택의 자유를 중시한다. 타인의 의지에 굴종하거나 개인의 의지가 존중받지 못하면 우리의 자존심은 무자비하게 추락한다. 비루해진다. 이런 이유로 인간 자체의 자주적 존엄의 가치는 바로 내·외면적 자유의 가치 구현이고 그 정당성을 확보하는 것이 자유국가의 가장 근본적인 역할이고 사명이다.

시민사회의 자유로운 개인과 개인이 협력자로서 서로를 평등하게 존중하고 자주적인 능력과 존재자로서의 인간 스스로 행복하고 가치 있는 삶을 살 수 있도록 기회를 제공하는 사회가 공정하고 정의로운 복지사회이다.

사람들은 사회적 경쟁에서 처음부터 공정하게 출발하기를 원한다. 때론 처음부터 이기기를 원하지만, 사회적 현실은 '부의 대물림'으로 심각한 기회의 불평등을 야기하고 있다. 이러한 사회적 배경의 불공정을 제거하는 기회의 평등은 정치질서의 과감한 개혁의 강제성을 요구한다. 정부가 할 수 있는 사회복지(의료·주거·상해·실업·퇴직급여 등) 수단을 일관된 정책으로 밀고 나가야 한다. 모든 젊은이에게 공평한 교육과 훈련의 기회를 부여하고 취약계층에 대한 정부의 선제적 복지정책이 시행되어야 한다. 이는 정부가 짊어져야 할 정의 실현의 과제이다.

국가는 모든 시민, 즉 자유롭고 평등하며 공정하게 대하여야 한다. 국가의 정당성은 여기에서 출발한다. 인간의 절대 존엄성이 보장되고 평등한 기본 자유와 권리의 자주성이 구현되는 사회가 진정한 민주사회, 복지국가이다. 부도덕한 국가는 이제는 군림할 수 없다. 국가의 품격은 국민이 결정한다.*

국가보훈기본법 제2조에는 "대한민국의 오늘은 국가를 위하여 희생하거나 공헌한 분들의 숭고한 정신 위에 이룩된 것이므로 우리와 우리의 후손들이 그 정신을 기억하고 선양하며, 이를 정신적 토대로 삼아 국민통합과 국가 발전에 기여하는 것을 국가보훈의 기본이념으로 한다."라고 명시되어 있다. 유구한 역사 속의 아련한 기억의 회상이 이제는 보훈의 정당한 '기억의 정치'로 다가온다. 이것은 국민정신의 형성에 큰 영향을 미치고 국가공동체를 결속시키면서 부강한 국가로의 발전의 원동력을 제공한다. 국민 행복의 기틀을 다지는 부국강병의 힘은 그 나라의 보

---

* 짜우포충, 남혜선 옮김, 『국가의 품격은 어떻게 만들어지는가?』, 길벗, 2017, 10쪽, 312쪽.

훈복지에서 출발하고 귀결된다. 보훈대상자들은 국민과 별개의 존재가 아니다. 바로 나의 부모 형제이며 자매이다. 그분들에 대한 복지가 좋아야 한다. 복지국가로서 마땅히 인간답고 정의로운 보살핌이다. "보훈은 곧 복지이다."라는 명제에서 국민의 행복은 시작이다.

3. 진정한 보훈은 진실과 복지에서 출발

"보훈이란 무엇인가?"라는 물음은 "누구를 위한 보훈인가?"라는 물음이다. 보훈과 역사는 불가분의 관계일까? 가만히 살펴보면 지금까지의 보훈은 어느 한 단면의 과거에 대한 보은이다. 이것은 권력이 개입할 수 밖에 없는 영역이기도 하다. 역사는 늘 유동적이며 문제투성이다. 그러기에 보훈의 역사도 비틀어지고 메말랐던 기억이 없지 않다. 현실 정치에 얽매여서 주어진 역사의 스펙트럼이 굴절되고 거짓 투사되기도 하였다. 일련의 적대적인 권력에 부합되고 지배와 주변의 부역자들에게 아첨하였던 적도 있다. 보훈에 관한 최근의 논쟁은 역사의 이념적 산물이다. 과거의 객관적 사실은 분명히 존재한다. 회상의 추억은 편견을

버려야 한다. 진실의 역사는 다름과 차이의 인정이다.

로버트 스키델스키(Robert Skidelsky)는 같은 사건에 대해 서로 다른 해석을 내리는 것은 이데올로기의 왜곡 또는 부적절한 사실 자료에서 온 결과라 믿고, 이데올로기를 피하고 사실에 대하여 진실을 말할 때 확실한 지식이 나타난다고 주장한다. 역사적 균형감각은 보훈정책의 구현과 실행에서도 더욱 그 힘을 발휘해야 한다. 좌·우의 편견에서 나타나는 역사적 파편에 매몰되거나 적대적이고 이념적인 잡동사니는 일탈이다. 보훈의 역사를 다 발굴하기는 어렵다. 그러나 사실에 입각한 보훈의 역사는 순수해야한다. 국가보훈은 역사 진실의 공방 게임에서 벗어나야 한다.

국민은 진정으로 '진실 정권(regime of truth)'의 입장에서 보훈의 정착을 원한다. 과거와 역사는 분리되어야 하지만 과거의 실재적 존재성을 부정하지 않아야 한다. 역사(history)는 사실상 단수가 아니다. 보훈도 마찬가지다. 역사의 복수성을 인정하고 출발해야 한다. 과거 대한민국의 탄생에 초석이 된 독립유공자에서부터, 국가 탄생의 주역들, 존망의 귀로에서 국가를 지켜낸 반공용사들, 조국 근대화의 산업화 역군들, 그리고 이 땅에 정의와 인권의 가치를 드높인 민주화 유공자들의 과거(the past)를 모두 다루어야 한다. 어느 일방의 보훈이 아닌 다양한 역사 유형을 아우

르는 보훈 철학을 만들어야 한다. 그래서 서럽고 억울하게 가족과 국가를 위하여 이유도 없이, 원인도 모르게, 이름도 남김없이 무수히 쓰러져간 국가보훈의 숭고한 대상자를 서훈해야 한다. 이것이 국가가 할 보훈의 통합이며 명예로운 복지의 시작이다.

플라톤은 정의나 도덕, 최선의 정치에 관한 절대적 지식은 순수한 형태로 가능하며, 철학적 논증을 통해서 가능하다고 하였다. 철학적 논쟁은 결국 보훈의 진실 논쟁에서도 중요하다. 합리성과 과학의 발전은 보훈의 증거에 신뢰를 준다. 보훈은 과거에 대한 현재의 대답이고, 보훈복지는 국가의 품격이며 미래이다. 국가유공자가 영예로운 삶을 살아갈 수 있도록 국가는 그 책무를 지니고 있다. 단순한 최저생활 보장 이상의 복지를 국가가 담보해야 한다. 국가유공자의 나이별 분포를 조사하고 분석하여 영예로운 삶과 행복한 복지 보살핌의 기준을 마련해야 한다. 미래의 복지 수요를 예측하고 필요한 재원을 어떻게 얼마나 조달할지를 결정하는 것이 보훈복지 행정의 출발점이다. 그중에서도 유공자에게 가장 필요한 것이 경제적 지원으로, 연금과 의료지원이다. 연금 지급의 형평성 문제는 보훈복지의 중요한 연구 대상이다. 지금 필요한 것은 유공자 전수조사를 통해서 그들의 실질적인 생활실태를 정확히 파악하고, 현실에 맞는 복지 수요를 도출하며, 재원 마련을 위한 혁신적이고 과감한 보훈복지 행정을 시행하는 것이다.

통계청이 2019년 발표한 고령자 통계에 의하면 65세 이상의 고령자 인구는 2017년 기준 707만 명으로 전체 인구의 13.8%를 점하고 있다. 1990년 5.1%에 지나지 않았던 고령자 비중은 이후 지속해서 증가하여 2025년 20%, 2036년 30%, 2051년 40%를 초과할 것으로 전망하고 있다.

초고령사회로의 급속한 진행은 한국의 인구구조에 엄청난 영향을 미치고 있다. 인구구조가 급격히 변화하는 한국 사회는 사회경제적으로 커다란 전환기를 지나고 있다. 급격한 저출산 고령화 현상은 노인 문제를 중요한 사회 이슈로 부각시키는 계기가 되었다.* 향후 이러한 추세가 지속한다면 국가유공자의 대부분이 고령 세대인 것을 고려할 때, 수요자 중심의 맞춤형 보훈복지 의식이 새롭게 필요하며, 보훈복지에 관한 종합적이고 선제적인 기본설계(master plan)가 요구된다. 국가보훈대상자는 젊은 시절에 국가 독립을 위해, 국가 보위를 위해, 민주주의의 수호와

---

* 변해영 외, 『인구절벽, 그 해법을 묻다』, 선비에듀, 2020, 59~70쪽.

발전에 초개와 같이 자신의 목숨을 바치고, 건강을 희생한 사람들이다. 보훈은 그들에 대한 국가의 최고의 예우이며 국민의 합당한 명령이다. 그러나 현실은 녹록치 않다. 복지가 실종된 보훈은 역대 정권의 철학이 부재한 가운데 마냥 흘러간다. 공무원들의 관료주의는 획일과 속도에서 독립과 호국, 그리고 민주화 유공자에 대한 차별을 불러온다. 물론 오랜 성장 우선 시대를 거치면서 호국 위주의 보훈복지가 시급하기도 하였지만….

그러나 이제는 달라져야 한다. 국가유공자에 대한 보훈복지서비스 모델은 대상자별 차별을 느끼게 하고 있지는 않은가? 지금은 어떠한지 꼼꼼히 따져야 한다. 전국 보훈병원 이용자의 의료수요는 어떤 분들이 가장 많은지? 예를 들면, 원거리에 있거나 암 등 희귀성 난치병을 앓고 있는 고령의 독립유공자와 고난도 질병에도 불구하고 으레 위탁병원으로 옮겨지는 호국의 유공자는 없는가? 민주화 유공자 가운데 정신적 트라우마를 치유하는 전문의료복지 모델은 마련되어 있는지? 세심한 배려와 정교한 접근이 필요하다. 그들 모두에 대한 거시적 보훈 행위는 스스로 차별을 느끼지 않도록 설계되어야 한다. 그렇지만 역설적으로 실행 단계의 보훈복지서비스는 미시적으로 세심하게 차별되어야 한다. 돌이켜보건대, 각각의 나이별 유공자에 대한 보훈복지서비스 모델의 질적 형평성 속에서 대상별 차별화 전략이 반드시 마련되어야 한다. 혹여 지금까지 깊숙이 접근하지 못한 방기의 원인에 대해서는 시간과 자유를 보장해 주고 싶다.

4. 보훈의 성공이 애국 평화의 시작이다

영국의 역사가이자 세계적인 석학 아널드 토인비(Arnold Joseph Toynbee)는 자신의 저서인 『역사의 연구(Study of History)』에서 "인류 역사는 도전과 응전의 역사이다."라고 말하면서, 문명에 흥망성쇠의 주기가 있음을 주장하였다. 인지혁명과 농업혁명으로 시작하는 도전의 역사는 평화를 갈구하고 안정을 추구하는 인류 역사의 시간을 열었다. 이어지는 상업혁명과 일련의 산업혁명은 최근 세기에 이르기까지 인류 문명을 파멸로 몰아가는 전쟁이라는 도전적 상황을 끊이지 않고 만들어 왔다. 아직도 지구상 곳곳에는 전쟁의 포화가 멈추지 않고 있다. 우리는 긴 평화 속에서 잠시 전쟁을 한 것으로 착각한다. 그러나 평화의 시간이야말로 전쟁과 전쟁 사이의 아주 짧은 순간이다. 인간은 전쟁 속에서 가슴 졸이며 살아가고 있다. 우리는 나의 평화를 위한 전쟁을 만든 장본인이기에 누구도 그 책임과 피해로부터 자유로울 수 없다. 돌이켜보면 크고 작은 수많은 전쟁에서 얼마나 많은 희생자가 발생하였는가? 그러나 전쟁 희생자들 모두에게 우리는 모두 진혼의 나팔을 울려 주고 있는가? 그들에게 무슨 명예와 어떤 보상과 어느 정도의 혜택을 줄 것인지는 그리 간단한 일은 아니다. 이것은 인류의 역사에서 인간의 양심에게 주어지는 도전의 문제이다.

한 시대를 살아가는 우리는 이러한 도전에 대한 응전의 과제를 마주하고 있다. 바로 보훈과 복지의 문제이다. 국가의 존재 이유와 존립의 가치를 나타내는 보훈의 정치는 그 나라 국민의 결속과 통합의 상징이다. 나라를 위한 헌신과 희생이 보훈과 상호작용을 하면서 '노블레스 오블리주(noblesse oblige)'의 국민정신을 만들어낸다. 돌이켜보면 우리나라의 보훈은 이념과 정파에 많이 휘둘려 왔다. 첨예한 이념의 대립은 보훈의 역사마저 질곡의 터널로 몰아가곤 했다. 역사의 공과는 어느 사람에게나 분명하다. 공적 헌신에 대한 국민적 합의가 필요하다. 더 이상의 보훈을 둘러싼 논쟁은 우리의 미래를 어둡게 만든다. 애국의 길은 보훈의 성공이다. 보훈 대상자가 명예 존중의 건강한 사회 속에서 가슴을 펴고 사는 복지 시대를 향해 뜻을 모아야 한다.

1948년 8월 대한민국 정부 수립 후 가장 먼저 해야 했던 일이 일제강점기 독립운동을 했던 분들을 찾아내서 최고의 예우를 해 드리는 것이었다. 그러나 우리는 그러지 못했다. 독립운동가들이 오랜 기간 음지에서 비참한 신세로 지내게 했던 가슴 아픈 잘못이 있다. 그래서 '친일을 하면 3대가 흥하고, 독립운동을 한 집안은 3대가 망한다'는 슬픈 이야기가 회자되고 있지 않은가? 그뿐만 아니라 독립운동을 직접 하지는 않았지만, 그 당시 '식민지 신민'의 불안한 신분으로 일본 군대의 위안부로, 사할린의 강제노역으로 끌려간 조선의 청춘들은 무려 780만 명이다. 겨우 걸음마를 떼던 돌잡이 아들이, 유복자로 태어나 아버지의 얼굴을 그리면서 살아온 딸이 이제는 백발이 휘날리는 노년이 되어 늙어 가고 있다. 일제강점기 강제동원 되었다가 사망한 아버지들의 유해는 아직도 돌아오지 못하고 있다.

올해로 광복 75년, 만날 수 없던 아버지의 빈자리를 고통과 가난으로 채워 가며 살아야 했던 유가족들의 통절한 고난, 아버지의 유해를 찾아서 고국으로 돌아왔건만, 일제로부터의 해방과 광복의 결과는 빈손의 가난뿐이었다. 여기 사할린 징용자의 아들 이희권 씨의 사연을 간단히 소개해 본다.

사할린 강제동원 피해자 고(故) 이석동 씨는 2019년 10월 제7

차 사할린 유해봉환 사업의 하나로 그의 아들 이희권 씨가 사는 한국으로 80여 년 만에 뼈가 되어 귀향하였다. 형제들을 대신해 일제의 강제노역에 끌려간 이석동 씨는 해방을 맞이하였지만, 사할린이 미수교국가인 소련 영토인 관계로 조국으로 돌아올 수가 없었던 것이다. 겨울이면 영하 40도를 오르내리는 얼어붙은 땅 사할린에서 무국적자로 살았다. 아내와 자식이 있는 집으로 돌아간다는 일념에서 독신으로 살았던 한 사나이의 삶은 너무나도 안타깝다. 아들과 편지 왕래를 시작한 지 5년 만에 그는 흙으로 돌아갔다.

2007년 11월, 한국 정부로부터 '이석동을 특별법 제17조에 의거 일제 강제동원 피해자로 결정함'이라는 통지서를 받고 보상 신청을 하였지만, 1945년 8월 이전 사망자만 보상해 준다는 기준 때문에 보상을 받지 못하였다. 이희권 씨는 2011년 정부의 사할린 한인 묘에 대한 전수조사를 통하여 아버지 이석동 씨 묘소의 존재를 확인하였다. 이어 2018년 가을, 사할린 홈스크 지역 피치레치예 묘지에서 아버지의 묘소를 처음 보게 된다. 이후 2019년 태극기에 싸인 채 귀환한 이석동 씨의 유해는 조국의 정중한 의전 속에서 국립 '망향의 동산'에 안장되었다. "섭섭함이야 많지만, 국가나 정부를 원망하지는 않습니다. 그나마 나는 아버지의 유해를 모셔올 수 있었지 않습니까? 다시는 이런 일이 없어야 하겠지요." 아버지의 이름만 불러도 눈물이 흐르는 이희권 씨의 독백이다. 일제 강제동원의 슬픈 단면이다. 어둠의 역사에 밟히고 고단했던 근대사의 아픔이다. 우리는 여기서 상기해야 한다. 2007년 이후 사할린 강제 징용자 피해 보상 신청 당시 이희권 씨에게는 직접 통보가 이루어지지 않았다는 사실이다. 그는 그 당시 "도대체 뭐 이런 나라가 있나 돌아설 수밖에 없었던 기막힌 사연, 그 후에도 기한을 연장한 또 한 번의 기회도 통지해주지 않아서 모르고 지나갔어요. 국가의 보상 같은 건 잊고 살았습니다." 가슴이 저려온다. 이제는 바야흐로 통한의 시대를 건너 치유의 시대로 들어가야 한다.

우리는 정부 수립 이후에도 사실 독립유공자조차도 서훈과 예우를 하지 못하였다. 그리고 13년이 지난 1962년 4월에 비로소 「국가유공자 등 특별원호법」이 제정되어 특별원호의 대상이 되었다. 그해 7월 김구·안중근·허위·손병희·안창호·윤봉길·김좌진 등 대표적인 독립운동가 202인에게 건국공로훈장이 수여되었다. 1963년 12월에는 정부 서훈에 관한 최초의 법률인 「상훈법」이 제정되었다. 그러나 이때에도 '독립운동에 대한 공적'은 제대로 인정을 받지 못했다. 광복 이후 가장 먼저 보살펴야 했던 분들이지만 해방정국의 정파 간의 대립과 다툼으로, 독립유공자에 대한 보훈정책은 중심을 잡지 못하였다. 더군다나 대한민국 정부 수립 후 1949년 3월 처음 시행된 포상에서 이승만 대통령과 이시영 부통령에게 건국공로훈장이 스스로 수여된 것도 낯뜨거운 일이지만, 조국 광복을 위해 헌신하신 독립유공자들을 홀대한 것은 실로 가슴 아픈 비극이다. 독립유공자를 소홀히 한 이승만 정부와는 다르게 박정희 대통령은 1962년 이후 독립유공자를 찾아서 포상을 시행하고 새로운 법을 제정하였다. 군사정권이었지만 '원호'의 깃발을 올린 것은 그나마 다행한 일이었다. 그로부터 다시 40년의 세월이 흐르는 동안 우리의 보훈정책은 괄목할 성장을 해 왔다. 그러나 여전히 갈 길은 멀다. 이제는 평화로 달려가는 애국의 보훈이 되어야 한다.

문재인 대통령은 2017년 취임 첫해에 "베트남 참전용사의 헌신과 희생을 바탕으로 조국 경제가 살아났습니다. 대한민국의 부름에 주저함이 없이 응답했습니다. 폭염과 정글 속에서 역경을 딛고 묵묵히 임무를 수행했습니다. 그것이 애국입니다."라고 현충일 추념사를 한 적이 있다. 그 당시 월남 파병 용사들이 '나라의 부름에 응답'한 것이 가난 속에서 살았던 징집병으로서 애국심과 정의감의 발로라고 보아야 하는지, 아니면 합리적인 개인의 선택을 할 수 없었던 시대적 상황에 무게를 두고 보아야 하는지는 논쟁의 여지가 있다고 하더라도, 베트남전 파병이 해양 세력 동맹의 자유·평화를 위한 거대한 카르텔(kartell) 속에서의 파병이었고, 결과론적으로는 '국가경제부흥'에 이바지한 것은 부인할 수 없는 사실이다.

주지하다시피 한반도는 아직도 냉전체제의 굴레를 벗어나지 못하고 있다. 남과 북이 함께 만들어가는 거대한 병영국가 프레임은 평화체제의 구축을 멀리하고 있다. 남과 북의 젊은이들은 복무 기간의 차이가 있을지언정 징병의 굴레에서 벗어날 수가 없다. 나라의 평화를 지키기 위한 군대는 필요불가결한 것인가? 과연 대한민국 국군의 존재 이유는 나라를 지키는 절대 명제만 가지고 있는가? 평화체제는 소극적 의미의 평화체제와 적극적 의미의 평화체제로 구분된다. 일시적 전쟁의 중지와 같은 소극적 의미를 뛰어넘어 완전한 평화체제를 가져오는 적극적 평화체제의 구축은 한반도의 영구적인 평화를 위해서 필수적인 것이다. 그러나 한반도를 둘러싼 신냉전의 기류는 이것의 정당성을 인정하지 않는다. 기존의 동북아 세력균형(勢力均衡)*은 북·중·러의 대륙 동맹을 만들었고 한·미·일의 해양 동맹이 그러한 구조적 메커니즘(mechanism)의 틀 속에서 여전히 대결하고 있기 때문이다. 정전 체제의 유지가 모든 상황을 상징적으로 대변하고 있다.

과거 우리는 민주진영을 수호하고 세계평화를 지킨다는 대의와 평화공존 프레임을 위해서 베트남 전쟁에 참여하였다. 그 당시 한국과 베트남은 적대국이었다. 우리는 파월(派越)의 가치를 '민주주의수호'와 '조국경제부흥', '애국심'으로 포장한다. 소극적 평화를 위한 국가폭력의 카르텔에 동참한 역사를 우리는 어떻게 평가해야 할까? 군인은 명령에 죽고 산다. 그러나 나와 우리의 평화를 위한 또 다른 전쟁 속에서 베트남인들은 고통을 받았고 희생을 겪었다. 전쟁 범죄는 나도 모르는 사이에 이루어진다. 양심의 가책을 느낄 사이도 없다. 그러나 시간이 지나면서 영구적 가책의 시간이 흐른다. 우리가 지금 겪고 있는 상황이다. 베트남

---

* 다수의 국가군들 간에 세력의 균형관계를 유지함으로써 관계국가들의 국가적 이익의 추구를 용이하게 하려는 국제정치상의 원리 또는 정책. 국제관계에서 어떤 한 나라가 다른 나라들을 압도할 만큼 세력이 강대하게 되지 않도록 서로 다른 나라와 세력의 균형을 이루는 일. 박세일, 『창조적 세계화론』, 서울대학교출판문화원, 2010, 127쪽 참조.

참전용사들의 피해 또한 크다. 국가의 명령에 갈 수밖에 없었던 군인들의 시작은 아무 잘못이 없다. 전쟁의 와중에서 저질렀던 일탈의 행위들은 양심의 문제가 아니다. 그들 또한 고엽제에 시달리고 트라우마에 고통받고 있기 때문이다. 베트남전 참전용사에 대한 국가보훈은 지극히 당연하다. 베트남 민간인 학살에 대한 사과와 배상은 우리의 보훈정책이 풀어야 할 숙제이다. 국가보훈은 전쟁의 중지와 폭력 사태의 부재를 가져오는 소극적 평화를 넘어야 한다. 전쟁이 항구적으로 사라지게 하는 적극적 평화체제를 만들어가는 '상생의 보훈'을 지구 공동체적인 관점에서 만들어야 한다.

법률가이자 개인주의적아나키스트인 라이샌더 스푸너(Lysander Spooner)는 개인의 자유를 침해하는 법과 정부에 맞서 싸우면서 "미국뿐만 아니라 지상의 모든 국가는 옛날이나 지금이나 악당들의 연합체이자 강탈자"일 뿐이라고 말하였다. 지나칠 정도로 급진적인 생각이지만 최근에는 자유주의 진영에서조차 그의 주요 사상인 '강도국가론'에 동의한다. 그는 "동의 없는 과세는 강탈이다."라며 미국 노예제도의 위헌성을 따지고 정부의 폭력을 경고하였다. 그러나 그는 군사력을 통한 남북전쟁에 반대하면서 북부 정부와도 충돌하는 등, 미국 헌법의 위헌성에 대한 비판을 통하여 국가의 폭력과 개인의 지배 구속에 저항하였다. 여기에 기초한 『국가는 강도다』에서 '나의 것과 너의 것'에 관한 정의를 말하고 있다.

그렇다면 아직 청산되지 않는 일본의 폭력 상징인 위안부와 강제징용의 배·보상 문제는 나의 것일 수밖에 없지만, 우리의 베트남에 대한 사죄의 문화 형성과 그들에 대한 배·보상 문제는 너의 것과 연결된다. 폭력 국가의 그늘은 우리를 강제한다. 프랑스의 천재적인 경제평론가인 끌로드 프레데릭 바스티아(Claude Frederic Bastiat)는 "국가는 거대한 허구다. 이를 통해 만인은 다른 만인을 희생시켜서 먹고살려고 한다."고 말했다. 그는 "국가가 시민을 먹여 살리는 것이 아니라 시민이 국가를 먹여 살린다"라고 말하면서, 국가의 거대한 허상을 고발하였다. 그렇다면 과연 개인의 희생 없는 국가와 사회는 존재할 수 있을까? 국가가 요구하는 보편적인 '희생'의 논리는 우리 삶의 곳곳에서 비판 없이 수용되고 있다. 파월의 논리가 그 전형적인 예이다. 그 당시에는 근본적인 비판이 거의 이루어지지 않았다. 어떻게 보면 개인의 희생을 국가를 위한 묵시적 순교로 강요한 것은 아닌가? 국가의 강력한 아노미적 상태가 너무나 신성시되었다. 홀로코스트(holocaust)가 정당화되는 것과 마찬가지다. 개인의 희생 없는 국가는 요원한 것인가? 그러한 대명제를 국가들은 가지고 있다. 우리도 마찬가지다. 국민에게 희생을 강요해서는 절대로 안 된다.* 물론 대의명분도 중요하다. 그러나 강호의 약육강식은 실리 추구가 우선이다. 이제는 국민의 희생양(scapegoat)을 추모제나 추모행위로 둔갑시키는 희생의 논리를 거부해야 한다. 다자간 범국가 체제에서 이제는 폭력과 전쟁범죄 행위를 숭고한 희생의 수사학(rhetoric)으로 미화할 수가 없다. 상대국의 아픔과 희생을 나의 아픔과 희생으로 인정해야 한다.**

우리의 보훈은 한반도의 평화체제를 구축하는 방향으로 나아가는 데서 동북아 주변국들의 지지를 받아야 한다. 이제는 한 나라의 보훈이 아니라 전 지구적 관점에서 보훈의 역사를 열어가야 한다. 베트남과의 공동 유해발굴 사업이나 합동위령제 추진 같은 발상도 시도해 보아야 한다. 양국 공동의 평화 추구는 글로벌 보훈복지의 시작이 될 수도 있다. 광주 비엔날레 축제에 우리와 폭력으로 일그러졌던 나라들을 초청해서 그들의 아픈 문화를 들어주고 위로하는 것도 한 방법이다. 피해자의 손을 잡아보라.

---

* 다카하시 데쓰야, 이목 옮김, 『국가와 희생』, 책과함께, 2008, 15쪽, 255~256쪽.
** 다카하시 데쓰야, 이목 옮김, 앞의 책, 2008, 243~246쪽.

일본에도 사죄를 강요하지 말자. '다크 투어리즘(Dark Tourism)* 문화축제를 만들어 "스스로 잘못했다"를 느끼고 뉘우칠 수 있도록 하는 것이 더 실효성이 있을 수 있다. 오히려 가해자를 위로하는 것도 고려해 볼 수 있다. 용서는 상처를 받은 사람이 상처를 입힌 사람에게 할 수 있는 매우 귀중한 선택이며, 가해자에게 줄 수 있는 최대의 선물이다. 이것은 공동의 카타르시스를 느끼도록 하는 일이다. 동아시아 문화연대와 복지케어를 연결하는 중심에서 한국만이 할 수 있는 새로운 유형의 한류문화축제와 복지산업을 결합한 국제보훈사업을 창의적으로 선도해 나가야 한다. 프랑스 방데(Vendeé) 지방의 증오와 슬픔을 이긴 '퓌디푸(Puy du Fou) 역사 테마파크'가 좋은 사례이다. 아시아의 평화를 향한 첫걸음을 우리의 새로운 보훈이 열어나갈 수 있다.

---

* 이영자, 『다크투어리즘을 활용한 보훈자원 활성화방안』, 보훈교육연구원, 2019, 9~16쪽.

5. 통일은 보훈의 상생과 대동의 복지에서

우리의 통일에 대한 열망은 헌법에 명시되어 있다. 대한민국 헌법에는 '통일'이라는 단어가 총 9회 등장한다. 그 횟수도 적은 것이 아니지만, 주요 내용을 보면 무게감이 더욱 커진다. 우선 헌법 전문(前文)에 '평화적 통일의 사명'이라는 표현이 나온다. 제 4조에서는 좀 더 구체적으로 대한민국은 '통일을 지향'하여야 할 뿐 아니라, "자유민주적 기본질서에 입각한 평화적 통일정책을 수립하고 이를 추진"하여야 한다고 규정하고 있다. 헌법이 통일 정책의 방향까지 제시하고 있다. 나아가 헌법 제66조와 69조는 '조국의 평화적 통일'은 대통령이 '성실'하게 수행해야 할 '의무'이 며, 이를 취임 선서에서 분명히 밝히도록 규정하고 있다. 여기서 눈여겨볼 대목이 있다. 대한민국 헌법에서 '통일'이란 단어 앞에 는 '평화적'이라는 수식어가 붙어 있다는 점이다. 다시 말해 헌법 은 우리의 사명인 통일을 평화적으로 이루어야 한다는 것을 명 문화하고 있다.

우리의 가장 큰 국가적 과제는 늘 통일이다. 그러나 국민적 염 원을 담아 반드시 이루어야 할 가치인 통일은 국가가 주도하고 있어 새로운 갈등을 야기하는 빌미가 되기도 한다. 국가는 정부에 의해 권력이 행사되며,* 정치권력은 이념을 담고 있다 보니 통일이 이중의 잣대에 의해 흔들리기도 한다. 통일을 향한 국가의 보훈 사업 또한 마찬가지다. 어떻게 보면 이율배반적으로 남북 분단의 시작과 진행 과정에서의 수많은 희생자에 대한 보상은 극단적인 좌·우 이념 대립의 결과물이다. 분단과 그로부터 빚어진 전쟁의 '희생자에 대한 복지케어'는 남·북이 각각 현재진행형이다. 그러나 평화적 통일의 관점에서 보훈을 바라본다면, 남북의 이념체제가 다르고 각자에 대한 적대적 역사에 근거한 각각의 보훈 사업은 사실상 통일을 방해하는 '안티테제(反定立, antithesis)'가 될 수도 있다. 지금부터는 통일을 향한 공동의 보훈 사업을 구상하면서 '기억문화유산'을 보훈의 공동테제로 실행한다는 것은 쉽사리 넘을 수 없는 벽이지만, 우리가 가야 할 보훈의 궁극적 방향이다.

통일 과정에서 평화 추구는 '전쟁이 없는 상태'를 의미하는 '소극적인 평화'와 "무력적 충돌을 방지함은 물론 갈등의 원인이 되는 요소를 비폭력적으로 해소할 수 있는 상태"를 의미하는 '적극

---

* 유시민, 앞의 책, 2017, 58~62쪽.

적인 평화'로 나눌 수 있다. '소극적인 평화' 개념에 따르면 현재 한반도는 평화로운 상태이다. 6.25전쟁 이후 한반도에서 소규모의 충돌이 있었고 위기가 고조된 적도 있었지만, 전쟁으로까지 확대되지는 않았기 때문이다. 국민들은 간혹 전쟁에 대한 불안감을 느낄 수는 있겠지만, 대부분 각자의 일상에 몰두하며 살아가고 있다. 하지만 현재의 평화 상태가 불안정한 것은 사실이며, 더 안정적이고 조화로운 평화를 만들어야 한다. 다만 적극적인 평화의 모색은 힘에 의존한 소극적 평화의 의미를 폄훼하거나 부정하는 것이 아니라, 그 유용성과 필요성을 인정하고 문제점을 보완하는 방향으로 나가야 한다.*

분단 70년의 역사에서 남북 간 체제 경쟁은 이미 오래전에 끝이 났다. 정부도 이제는 우리 체제를 북에 강요하지 않는다. 통일 이전에 평화를 추구하며 더불어 잘살아 보는 것이 우선이다. 평화 정착이 먼저이다. 남과 북이 통일 이전에 공고한 평화 정착을 위한 상생의 길을 찾아야 한다. 이념적 체제인 국가주의에서 모든 것을 해결하려는 생각을 전환해야 한다. '대동사회(大同

---

* 이찬수, 『평화와 평화들』, 도서출판 모시는사람들, 2020, 111~114쪽, 177쪽, 183쪽.

社會)'는 다원 사회이다. 먼저 '일통(一統)'이 되어야 한다. 즉, 하나가 되려는 다원의 노력이 모이면 '통일(統一)'은 저절로 이루어진다. 독일 통일의 그림자, 오시(Ossi)와 베시(Wessi)는 아직도 이어진다.* 동독과 서독의 주민 간 편견과 갈등은 여전하다. 동독인은 오히려 과거(동독)를 그리워하는 향수(Ostalgie) 현상도 보인다.** 통합이 선행되지 않는 통일은 상당한 사회적 비용이 소모될 뿐만 아니라 또 다른 내전을 불러올 수도 있다. 대동의 사회는 통합의 사회이다. 남과 북의 보훈이 만나야 하는 이유다.. 한때 가장 치열하게 싸운 적과 전우의 마음을 애환으로 들어주고, 보살펴 주는 보훈은 진정한 복지국가의 앞서가는 자세이다. 전 세계에서 유일하게 있는 적군묘지***를 평화묘지로 만드는 보훈을

---

* 전상봉, 『통일, 우리 민족의 마지막 블루오션』, 시대의창, 2007, 414~416쪽.
** 서독인은 동독인을 비하하는 '게으른 동쪽 것(Ossi)', 동독인들은 서독인들을 비하하는 '거만한 서쪽 것(Wessi)'이라는 용어를 사용하면서 지금도 사회통합의 어려움을 보여주고 있다. 통일부 통일교육원, 『2019 통일문제이해』, 대원문화사, 2019, 46쪽 참조.
*** 1956년 청구문화사에서 출간된 구상의 두 번째 시집의 표제 시에 나온다. 한국전쟁의 총성이 멎고 얼마 지나지 않은 1956년 시인 구상(具常)이 『자유문학』을 통해 발표한 「초토(焦土)의 시8 - 적군묘지 앞에서」를 읽어 보라. 그는 '적군' 즉 북한군 병사가 묻힌 묘지를 소재로 동족상잔의 비극과 통일을 향한 염원을 절절하게 노래한다.

상상할 수 있어야 한다. 우리에게 가장 큰 복지는 평화로운 통일 조국이다.

통일을 위한 평화 정착은 경제적 차이를 줄이는 것이 지름길이다. 북한에 '코카콜라'와 '맥도날드'가 들어가는 경제적 일통이 이루어지고, 이른바 '대동강의 기적'을 만든다면 한반도에는 평화가 올 것이다. 이를 위한 틈새에서 통일을 노래해야 한다. 이렇게 되면 통일비용 문제도 저절로 해결된다. 한국 사회가 체제 우위를 가져올 수 있었던 것은 역시 '한강의 기적'을 만들었기 때문이다. '대동강의 기적'은 그냥 오지 않는다. 통일은 우리 민족의 마지막 블루오션이다. 통일은 이념의 체제가 아닌 남북의 '경제 공동체 모델과 복지증진 모델(가칭)*'을 통해서 쉽게 우리 곁으로, 어느 날 베를린 장벽의 붕괴처럼 느닷없이 다가올 수도 있다.

우리 국민 개개인은 자의든 타의든 한반도의 평화에 사활적인 이해관계를 가지고 있다. 정치 군사 문제가 풀리지 않으면 경제 교류이고, 이것도 어려우면 공동의 보훈사업을 제안해 보는 것은 어떨까? 화살머리고지에서의 유해 발굴사 업은 공동의 기억

---

* 예를 들면 산모와 아동지원을 위한 병원 및 보건의료지원, 바이러스 퇴치 및 방역지원, 기아와 빈곤지원 등을 말한다.

을 소환한다. 물론 남북의 공동 보훈사업은 쉽지 않다. 먼저 함께할 수 있는 보훈 목록부터 작성할 필요가 있다. 이제는 적군묘지가 아닌 '한반도평화추모공원(가칭)'에서 진혼예술제를 성대하게 거행하는 것도 생각해 볼 수 있다.

꽃다운 청춘을 바쳐서 죽어서도 나라를 살리는 희생의 부토(腐土)에서 남과 북의 '추념대동예술제(가칭)'는 꺼지지 않는 우리 민족의 '영혼의 불'이 될 수 있다. 남북이 손을 잡고, 아시아, 나아가 세계가 상생적으로 연결되는 보훈복지사업의 미래를 꿈꿔 본다. 행복한 미래를 예측한다는 것은 어려운 일이다. 그러나 우리가 아픈 과거를 어떻게 추념하고 기억하느냐에 따라, 오히려 한반도의 미래를 변화시킬 수 있다. 인간은 만물의 영장이라고 하지 않는가?* 복지로서의 보훈이 추구하는 남북의 역사는 인류 보편타당성의 관점에서 용서되고 상생으로 회복되어야 한다. 물질적 빈곤을 딛고 일어서는 정신적 풍요가 진정한 복지의 모태이다. 그리고 남북이 함께 잘사는 통일 복지 강국으로 나가야 한다. 가슴 벅찬 민족 복지의 도전이 될 것이다.

---

* 배철현, 『인간의 위대한 여정』, 21세기북스, 2017, 65~69쪽.

6. 우리가 꿈꾸는 나라, 보훈이 당당한 복지국가

서구 유럽식 복지국가(welfare state)의 모델은 늘 우리에겐 선망의 대상이다. 복지국가의 태동과 성장 역사를 보면 19세기 말 독일의 철혈재상 비스마르크(Otto von Bismarck) 시대로 거슬러 올라간다. 그 당시 노동자들의 삶을 개선하기 위해 사회개혁의 목적으로 사회보험이라는 복지 모델이 등장하였다. 영국에서는 보편주의 복지국가 비전「베버리지 보고서(Beveridge Report)」에서 제시한, 노동자와 시민의 최소한의 삶의 질을 보장한다는 대국민 약속을 2차 세계대전의 포화 속에서도 이루어 내었다. 처칠(Winston Churchill) 수상이 지휘하는 보수당과 노동당의 전시 연립내각에서 만들어낸 작품이다. 아마도 국민을 대상으로 하는 복지에서 좌·우 구분을 초월한 최초의 합의라고 할 수 있을 것이다.[*]

복지국가의 사회보장제도는 전 국민의 합리적 동의에서 출발하며, 정의의 원칙이 복지국가의 원리에도 반영되어 있다. 무엇이 복지국가의 정의로운 사회 운영 원리인가? 정치철학자 존 롤

---

[*] 양재진, 『복지의 원리』, 한겨레출판, 2020, 8~9쪽.

스(John Rawls)는 사회적 계약으로 만들어진 국가는 개별 국민의 보호와 안전, 그리고 행복과 복지를 위한 세부 계약에서 정의의 원칙을 세우려 한다고 주장한다. 자유의 원칙과 차등의 원칙이다. 이기적 인간들은 자유민주주의가 보장하는 시민권적 자유가 최대한 보장되는 열린사회를 지향할 것이며, 사회적 약자인 유·무형 부의 최소수혜자(the least advantaged)에게도 사회보장(social security)을 통한 부의 분배가 차등적으로 이루어지는 합리적 사회를 원할 것이다.

우리나라는 2018년에 1인당 국민소득(GNI)이 3만 불을 넘어섰다. 그동안 우여곡절도 많았지만, 한강의 기적을 이룬 우리는 당당히 30-50클럽에 가입하였다.* 그런데 한 국가의 공공 사회지출이 GDP의 3~5%를 넘어서면 복지국가로 평가한다. 2018년 한국의 GDP 대비 공공사회지출 비율은 11.1%로 OECD 평균 20.1%의 대략 절반 수준이다. 이 정도면 복지국가로서 최소기준을 훨씬 넘어선 수치라고 할 수 있지만, 유럽 수준의 복지국가에

---

* 30-50클럽은 일인당 국민소득 3만 불 이상, 인구 5천만 명 이상인 국가를 말하는 것으로 일본(1992), 미국(1996), 영국(2004), 독일(2004), 프랑스(2004), 이탈리아(2005) 등 6개국이다. 양재진, 앞의 책, 2020, 67~69쪽 참조.

는 여전히 많이 미달한다. 공공복지의 물적 토대인 산업화와 정치적 수요를 가늠케 하는 민주화를 달성하면서 우리의 복지 수준도 빠르게 성장한 것은 사실이다. 그러나 미래 인구구조 변화에 따른 사회구조의 변화에 상당한 영향을 받을 수 있다.

또한, 우리는 2018년 고령화율이 14%를 넘어서며 고령사회로 접어들었다. 일부 늦은 감이 있지만, 연금·의료·실업·산재 등 4대 사회보험을 필두로 노인장기요양보험, 공보육을 포함한 서구 복지국가의 사회보장제도를 거의 다 갖추고 있다.* 통계청에서 발간한 『한국의 사회 동향 2018』 자료에 따르면 2017년 기준 65세 이상 노인인구 중에서 혼자 거주하는 '나홀로 가구'가 23.6%, 노인 부부가 48.4%인 것으로 나타났다. 이러한 상황에서 노후 부모에 대한 돌봄의 인식도 달라지고 있다. '가족'이 부양해야 한다는 비율보다는 '스스로 해결해야 한다'와 '정부-사회'의 역할이라고 보는 경향이 점점 높아지고 있다. 더구나 우리나라의 복지 패러다임은 점차 시설 중심에서 지역사회 중심으로 옮겨가는 추세이다.**

---

* 양재진, 앞의 책, 2020, 72쪽.
** 윤홍식 외, 『우리는 복지국가로 간다』, 사회평론아카데미, 2020, 257~267쪽.

이러한 가운데 국가보훈대상자를 위한 사회서비스와 사회보장제도의 현실은 아직도 미흡하다. 그러나 국가유공자의 명예를 드높이고 국민통합에 이바지하기 위한 현 정부의 노력은 집요하다. 경제 발전 속도와 민주화 정착과 연계하여 유족 보상금은 각종 사회경제지표를 상회한 연평균 4.7% 수준으로 인상하고, 전몰·순직군경 등, 특별한 배려가 필요한 취약계층은 추가로 인상 지급하고 있다. 또한, 생활이 어려운 독립유공자 손·자녀에게 생활지원금을 지급하고 참전 명예수당을 대폭 인상(2020년 기준 32만 원)하였으며, 참전유공자 보훈병원·위탁병원 진료비 감면율을 90%까지 확대하였다. 2019년도에는 독립·호국·민주 등 국가유공자 185,682명에게 '국가유공자 명패 달아드리기' 사업을 통하여 범국민적 국가유공자의 예우 분위기를 조성하였다.*

국가의 보훈정책에서 보훈복지가 차지하는 비중이 증대되고 있는 현실에서 보훈복지 정책의 최대 목표는 보훈대상자의 생활 안정과 복지향상을 도모하는 삶의 질 향상에 있다. 진정한 복지국가는 그냥 만들어지지 않는다. 보훈이 당당한 나라, 보훈 가족

---

* 국가보훈처, 「2020 업무계획」, 2020.1.21.

이 떳떳하게 보상받는 국가가 되어야 한다. 나라를 위한 희생과 공헌에 합당한 보상과 예우가 보장되어야 한다. 보훈대상자에 대한 보훈정책과 보훈복지서비스 제도의 시행 일치가 중요하다. 국가유공자 발굴을 확대하고 수혜자 중심의 포상 심사 제도를 위한 전자심의제와 시민참여제도 법제화 등 합리적 개선을 위한 국가보훈처의 노력이 요구된다. 노령인구의 변화에 따른 보훈대상자의 구성 분석도 자세히 해 나가는 것이 필요하다. 보훈보상은 '일반복지 + α'의 높은 수준이 필요하다. 특별히 물가상승률을 고려하되, 보건복지부와 협조하여 보훈보상금 수급을 이유로 복지급여 혜택에서 탈락하지 않도록 해야 한다.

예를 들면 일반 복지급여(기초연금, 생계급여, 의료급여 등) 소득 산정 시 공제를 추진하고, 보훈대상자 간 형평성을 위한 보훈 보상의 객관적인 준거 지표를 만들어야 한다. 특별히 기초생활수급자(생계, 의료, 주거, 교육), 의료급여수급자, 차상위 계층 해당자, 75세 이상 기초연금수급자, 생활조정수당 대상자 등이면서 보훈대상자일 때 '생계안정형 보훈복지모델(재가복지서비스 포함)'의 세심한 통합보훈시스템 구축과 시행이 요구된다.* 보훈 가족의 영예로운 여생을 국가가 책임지는 의료·안장 서비스의 획기적 개선과, 안보 현장에서 헌신한 '제대군인(의무복무자 + 중·장기복무자 + 신분형 맞춤형)'에게 사회 복귀를 위한 취업 기반을 조성하는 것은 국방부, 고용노동부, 보건복지부 등 정부 부처 간 유기적 협조하에 이루어져야 한다.

현재 사회보장제도에서 가장 많이 들어가는 복지비용은 의료 분야이다. 전체 지출의 40% 가량이다. 2017년 기준 74조 3,000억이 지출되었는데, 대부분 건강보험 지출이다. 국방비의 2배 가까운 액수이다. 우리나라는 이러한 의료서비스를 가장 많이 이용하는 나라가 되었다.** 마찬가지로 보훈대상자의 고령화는 의료-재활-요양-안장 서비스 수요를 많이 증가시킬 것이다. 지금 보훈대상자의 평균연령은 독립유공자(애국지사) 94세, 6.25 참전유공자 87세, 4.19 민주유공자 78.8세 등이다. 생존한 국가유공자는 지속적인 감소 추세에 있다. 6.25 참전유공자의 경우 2013년도 기준 17만 1천 명이었으나, 2019년도에는 9만 명이었

* 국가보훈처, 「2020년도 이동보훈복지사업(BOVIS) 지침」, 2020.1.
** 윤홍식 외, 앞의 책, 2020, 215~222쪽.

으며, 2028년도 기준 1만 1천 명으로 예상된다. 지금의 보훈보상체계 개편은 8년이 경과되었다. 바야흐로 인구구조 변화에 따른 사회구조 변화, 그리고 4차산업혁명(코로나19 상황 포함)에 따른 산업구조의 디지털 중심으로의 변화에 따른 보훈복지 전반의 제도 혁신과 패러다임의 전환이 요구되는 시기이다.

문제는 돈이다. 복지에는 돈이 많이 든다. 인간의 행복을 구현하기 위한 복지는 사실상 끝이 없다. 저출산·고령화 추세를 고려하면 유럽 복지국가처럼 사회지출이 늘어나지 않는다는 보장은 없다. 증세 없는 복지는 최상이다. 그러나 복지지출 관련 재정적자가 계속된다면, 아마도 보편적 복지 증세나 부자 증세인 '핀셋 증세'가 불가피할지도 모른다.* 보훈복지 관련 예산의 증가도 불을 보듯 뻔하다. 그러나 국가의 재정건전성과 코로나19와 같은 비상경제 상황 등을 고려한다면 보훈 가족에 대한 복지의 향상도 어려움이 있으리라 본다. 그렇다고 마냥 국가 예산만을 기다리면 시너지 효과를 기대할 수가 없다. 보훈대상자들 가운데 존재하는 빈곤계층에 대한 복지서비스는 민간자원의 연계를 통한

---

* 양재진, 앞의 책, 2020, 259~261쪽.

나눔과 도움 제공이 절실하다. 특히 그동안 이윤을 우선적으로 추구해 온 기업들은 점차 사회적 책임(CSR)에 대한 인식이 높아지고 사회공헌 활동에 많은 관심을 기울이고 있다. 그래서 보훈복지서비스를 위한 국가보훈처의 역할은 지대하다. 예를 들면, 기업 연계형 보훈 나눔 프로그램 개발 전략을 수립하고 보훈복지 대상자들의 복지서비스 욕구와 연결하는 것이다. 또한, 고령자 중심의 보훈재가복지서비스를 일반사회의 재가복지서비스와 비교해도 보훈대상자들이 상대적 보상심리 및 박탈감이 발생하지 않도록 창의적인 제도 발굴에도 더욱 노력해야 한다.*

한국보훈복지의료공단이나 보훈교육연구원에서는 보훈대상자의 욕구 단계를 분석하고 복지 수준별 모델 정립, 기업 맞춤형 제안서 제출, 보훈복지의 발전 방안 등을 '보훈 가족+시민연구원'과 함께 만드는 일도 매우 유의미하다고 본다. 기업재단을 중심으로 하는 공익법인과 시민구단과 같은 다수의 '보훈사랑복지재단(가칭)'의 활동도 장려할 필요가 있다. 기업과 파트너십을 구축할 수 있는NGO(Non-GovernmentalOrganization), NPO(Non-Profit

---

* 김병조, 「국가유공자 보훈재가복지서비스 유형별 이용자 실태분석」, 『보훈연구』 제8권 제1호, 2019.6; 보훈교육연구원, 43~79쪽.

Organization) 등과의 연대 활동이나 공유가치창조(CSV: Creating Shared Value), 매칭 선물(matching gift) 제도도 좋다.

우리가 긴급히 주목해야 할 사안이 또 있다. 통계청의 '장래인구특별추계' 자료에 의하면 2017년에서 2067년 사이에 15세에서 64세까지의 생산가능인구의 비중은 30% 가량 급격하게 줄어드는 대신에 65세 이상 고령자 비율은 반대로 30% 이상 크게 증가한다. 또한, 노년부양비는 2067년 기준 102이다. 2017년 노년부양비 19를 고려해보면 50년이 지나면 생산인구가 책임져야 할 노인인구는 5.5배가 늘어난다는 의미이다.* 저성장의 터널에서 인구구조 변화는 큰 충격이 될 것이다. 과도한 사회보장 지출에 대한 경계심이 필요하다는 뜻이 된다. 사회보장 지출의 증가만이 곧 복지국가의 발전이 아니다. 물론 사회지출 총량을 늘이는 것도 중요하다. 그러나 실제 복지가 필요한 사람에게 고르게 지급되는 것이 더욱 중요하다. 여기에는 핵심 취약계층이 존재하고 있으며, 기초수급대상자의 그늘 속에서 보훈복지의 소중한 대상자들이 따뜻한 손길을 기다리고 있다.

---

* 변해영 외, 앞의 책, 선비에듀, 2020, 231~245쪽.

진정한 복지강국은 공짜로 만들어지지 않는다. 보훈대상자의 복지를 위한 국가 세금의 사용은 적확해야 한다. 국민의 동의가 당연히 필요하다. 그러기 위해서는 복지예산의 물적 토대인 경제를 위축시키지 않아야 한다. 우리는 과연 행복한 복지국가를 만들 수 있을까? 5,000만 국민이 모두가 동의하는 그런 복지국가의 모델은 무엇일까? 한국개발연구원(KDI)에 따르면 2030년대 한국경제의 잠재성장률이 1%대로 하락할 것으로 예상한다. 국제통화기금(IMF)도 한국의 잠재성장률이 2050년대에는 대략 1.2%가 될 것으로 추정한다. 이러한 저성장의 문턱에 들어선 우리가 과연 복지국가의 완성을 이룰 수 있을지 의문이 든다. 더욱이 우리의 인구구조 또한 복지국가 건설에 큰 어려움을 줄 것으로 예상되기 때문에 천사만려(千思萬慮) 하는 자세로 보훈의 미래를 만들어가야 한다.

  세계적인 저성장의 늪에서 성큼 다가온 저출산·고령사회에서는 일할 기회를 주는 것이야말로 최고의 복지일 수 있다. 그러나 인공지능(AI) 시대 일자리는 그리 많지 않다. 포스트 코로나 시대에는 더욱 그럴 것이다. 코로나19로 더욱 심화할 비대면·언택트 사회에서 대부분이 고령인 보훈복지 대상자의 디지털 적응력(adaptability)을 어떻게 향상·유지시킬 것인가? 원격의료·교육, 온

라인 유통 등 상품과 서비스의 비대면 거래가 확대되고, 디지털 기술에 기반한 산업이 성장하면서 보훈대상자에 대한 직업교육과 일자리 안내 등의 다양한 변화가 필요하다.* 은퇴한 제대군인에 대한 실질적인 복지는 노동시장 참여자들에게 높은 수준의 디지털 적응력(adaptability)을 제공하는 것이다. 이런 측면에서 4차산업혁명 시대에 걸맞은 일자리 교육과 연계한 보훈 가족의 고용·복지 모델의 정립과 지원이 무엇보다도 시급하다.**

지금 세계는 예기치 못한 코로나19로 인해 사회·경제적 대변혁을 경험하면서, 개인의 일상에서부터 국제 관계까지 이루 열거할 수 없는 많은 분야에서 새로운 질서가 형성되고 있다. "한국판 뉴딜 종합계획의 일하는 행복을 위한 「안전망 강화 계획」"(고용노동부, 2020)에 따르면 우리의 일자리와 노동시장도 예외가 아니다. 무엇보다도 코로나19는 전체 보훈 가족, 특히 연로한 국가유공자 모두에게 가장 큰 충격으로 다가와 있다. 코로나19 사태의 종결 시기는 누구도 예단하기가 쉽지 않다. 앞으로 국가 간 정책 공조가 효과를 발휘하고 바이러스 치료제가 신속히 등장한

---

* 연대성, 『디지털 트랜드 2020』, 책들의정원, 2019, 16~24쪽.
** 변해영 외, 『한눈에 보이는 4차산업혁명』, 미디어북, 2020, 188~198쪽.

다면 지금의 상황은 크게 변화하겠지만 비대면, 비접촉 사회는 상당 기간 지속할 것이며, '코로나 우울(corona blue)' 등 집단 팬데믹(pandemic)은 계속될 것이다. 지금 가장 어려운 시기에 노령의 보훈대상자(65세 이상)에게 긴급하고 적절하게 제공해야 할 보훈복지서비스는 노인 심리상담(자살 충동 욕구 억제 등), 임종 지원 서비스, 가족단절로 인한 정서적 치료 서비스일 것이다.

뉴노멀(new normal)의 새로운 시대, 공자가 그린 대동사회(大同社會)와 플라톤이 말하는 이상국가(理想國家)는 도대체 어디에 있을까? 2,500년 전 공자는 『논어』「계씨편」에서 제자 염유에게 "백성의 수가 적은 것을 걱정하지 않고 균등하지 못한 것을 걱정하며, 가난한 것을 걱정하지 않고 평안하지 못한 것을 걱정한다. 대체로 균등하면 가난하다는 생각을 안하고, 화목하면 자신이 가진 게 적다는 생각을 하지 않으며, 국가나 가정은 평안하면 한쪽으로 기울지 않는다.(不患寡而患不均 不患貧而患不安 蓋均無貧 和無寡 安無傾)"라고 말했으며,* 1,500년 전에는 중국 남송의 유학자 상산 육구연(1139~92)이 "가난한 게 걱정이 아니라 고르지 못

---

* 이우영 엮어 옮김, 『논어』, 아이템북스, 2015, 307~309쪽.

한 게 걱정(不患貧 患不均)"이라고 되새긴 바 있다. 많은 세월이 지난 지금에서도 교훈을 주는 명언이다. 복지의 물적 토대인 경제성장이 이루어지고, 또한 그것을 가능하게 하는 힘의 원천인 복지의 혜택이 적재적소에 고르게 돌아간다면, 가난함도 걱정하지 않아도 되고 고르지 못함도 걱정하지 않아도 된다. 즉 '불환빈 환불균(不患貧 患不均)'의 세상을 우리는 만들 수 있을 것이다. 모두가 꿈꾸는 나라, 보훈이 당당한 복지국가도 바로 이런 세상이라고 할 수 있을 것이다. 독립, 국가수호, 민주화라는 보훈의 3대 가치와 이념이 잘 어우러지는 세상, 이런 대동사회와 소강국가를 만들어야 하는 이유를 이제 발견한다. 이것은 바로 고난과 역경의 시대에 이 나라를 구한 국가유공자를 향한 존경과 감사의 진정한 표시이며, 따뜻한 보훈과 복지를 기반으로 한 포용적 복지국가의 위대한 실현이다.

한국 보훈제도의 발전과 보훈복지의 미래

윤 승 비_ 보훈교육연구원 연구원

한국의 보훈보상제도는 1961년 태동하여 지난 60년간 사회경제적 수준의 향상과 시대적 요구 및 요청에 따라 보훈대상자에 대한 복지의 책임과 수행은 물론, 보상과 예우 및 상징화 사업 등 그들을 잊지 않고 기억하기 위한 사업이 진행되어 왔다. 오늘날 한국의 보훈정책은 국가사회복지를 기본으로 하고 그 위에 보상이 더해지는 보훈복지 시스템으로 확대시켜야 할 필요성을 제시한다.

1. 들어가며

보훈제도가 도입된 1950년부터 70여 년을 지나오는 동안 한국의 보훈정책은 시대마다 새로운 변화를 거듭하면서 지속적으로 발전해 왔다. 국가사회복지제도가 발달되지 못했던 전쟁이후 시기에서부터 보훈(원호)제도는 "국가를 위하여 공헌하거나 희생한 자와 그 유가족"을 대상으로 다양한 복지정책을 펼쳐 왔다. 산업화와 민주화를 거치면서 우리 사회의 복지문화는 보편적인 생활문화로 자리매김하였다. 보훈정책은 동서양을 막론하고 이념과 제도를 떠나서 필연적으로 발생하며, 국가마다 보훈대상자에 최고의 대우를 해주기 위한 지원정책을 실행하고 있다.

보훈대상자에 대한 복지정책은 국가에 대한 헌신과 희생에 대하여 적절한 보상과 지원을 함으로서 영예로운 생활을 할 수 있도록 하는 것이며, 국가유공자와 그 유족에 대한 전 국민적 정책 지지(정책 순응)와 국민의 존경을 받도록 하는 것이다. 국가로부터 보훈대상자는 '가료보호 및 의학적·정신적 재활과 진료, 직업재활교육, 무의탁 양육·양로 보훈대상자 지원, 보훈대상자 단체의 지원, 보훈복지시설의 운영, 보훈대상자 및 그 자녀의 학비 지원' 등의 다양한 지원을 받고 있으나, 아직도 국가의 보훈정책과 사회복지정책의 사각지대에서 생활고를 겪는 보훈대상자들이 있다.

국가와 민족을 위해 희생한 이들에 대한 국가의 대우, 현시대 국민적 요구와 인식의 확산, 시대 상황에 맞는 보훈정책을 실현하는 것이 오늘 우리 사회가 열어 나가야 할 보훈복지의 길일 것이다. 이 글에서는 먼저, 보훈대상자에 대한 보훈복지제도의 발달 과정을 살펴보고, 다음으로는 보훈복지제도의 사회적 합의체계, 즉 보훈복지정책 개념, 대상, 급여유형, 사회적 합의체계, 환경변화를 분석한다. 끝부분에서는 이를 통해 보훈복지 증진을 위한 국가보훈 발전 방향, 보훈복지정책의 현재와 미래, 지향해야 할 보훈복지제도는 무엇인지에 대해 논하려고 한다.

2. 보훈복지제도의 발달

1) 보훈복지제도 도입기

한국 보훈제도는 1950년 4월 「군사원호법(법률 제127호)」이 공포·시행됨에 따라 당시 사회부 사회국에 군사원호과가 설치되어 원호업무를 담당"하였었는데, 이때가 출발점이 되었다. 그 이후 독립유공자, 군인, 경찰, 전몰군경 등 대상자에 대한 각종 원호사업 시행을 위한 별도의 법률이 제정되었다.

군사원호대상자자녀의 교육을 보호하기 위한 보호법(1961.11)을 비롯한, 「군사원호대상자임용법」(1961.7), 「군사원호대상자고용법」(1961.7), 「군사원호대상자정착대부법」(1961.7), 「원호특별회계법」(1961.11), 「군인보험법」(1962.3), 「군사원호보상급여금법」(1962.4), 「국가유공자등특별원호법」(1962.4.), 「원호재산특별처리법」(1963.7), 「원호대상자직업재활법」(1963.7), 「원호대상자단체설립에 관한 법률」(1963.8), 「애국지사사업기금법」(1967.3) 등의 13개 법률을 제정, 공포, 시행함으로써 현대에 맞는 체계적인 원호제도가 뿌리를 내리게 되었다.*

초기 원호 시책은 생계 안정을 위한 생계보조에 국한되었으나 점차 보상금 지급 수준을 확대하여 각종 수당과 연금이 지급되는 형태로 성장하였다. 원호 시책은 점차 대상의 범위를 넓혀(직업보조, 자녀의 교육보호, 정착 대부 등) 나갔으며, 이후 1961년 7월부터 사회부·국방부·내무부·체신부 및 각 군 본부에서 분산되어 시행하던 보훈업무를 군사원호청 직제가 제정 공포되면서 비로소 종합적인 국가보훈 업무를 수행할 수 있는 기구가 마련되었다. 또한 국가재정 상태를 고려하고 사회 공동부담과 자체기금조성 등 단계적 확대 및 신장을 도모하였고, 개인원호 원칙을 지향하는 것과 함께 집단 또는 단체 원호사업을 지향해 나갔다.

2) 보훈복지제도 혁신기

1970년대에 들어서면서 국민 성원을 통한 자립 기반이 조성되었고, 1974년에는 국립원호병원특진규정과 1975년 원호보상금

---

* 참고: 한국학중앙연구원. 2020.10.15.(http://www.aks.ac.kr).

지급규정, 1978년 월남귀순용사특별보상법 등을 제정하여 공포하였고, 공상공무원 및 순직공무원의 유족, 무공수훈자를 정책 대상에 추가시켜 과거의 제도정책에서 벗어나 국민의 스스로 자립기반을 다질 수 있도록 국가보상수준이 신장되었다.*

사회복지제도가 극히 미흡했던 도입 초기에는 보훈대상자에 대한 최소한도의 생계지원을 위한 원호 시책 중심으로 운영되어 왔으나, 시간이 지나면서 국가적인 예우 차원의 보훈 시책으로 확대 발전되어 왔다.**

1980년대 보훈제도는 이념적 기반을 구축하고 정신적 예우를 강화하는 사업과 전반적 생활수준의 향상을 위한 복지시책에 중점을 두었다. 이러한 보상의 범위를 확대하고 보훈대상자의 자립자활을 내실 있게 추진하기 위해 1981년 4월 '한국원호복지공단법'에 의하여 '한국원호복지공단'을 설립하여 운영하였다. 그리고 복지증진을 위한 대책, 퇴역 군인에 대한 보상 실시 등 다양하고 질 높은 보상지원을 위한 법률을 제정(「한국원호복지공단법」(1981.4.4), 「원호기금법」(1981.4.4.)) 하였고, 개정 법률로는

---

* 유영옥, 2005, 132쪽.
** 한국개발연구원, 2003, 26쪽.

「군사원호보상급여금법」,「국가유공자등특별원호법」,「원호대상자정착대부법」,「군인보험법」 등* 또는 개정하여 원호 시책의 기반을 확충하는 한편, 보훈정책의 장기 발전계획에 상응한 '국가원호 계획'을 수립하고 정책에 반영하도록 하였다.

3) 보훈복지제도 태동기

1984년에 구호와 물질적 생계보장이 근본적으로 구분되었으며, 국가유공자에 대한 보은 및 보상 개념의 윤리적 당위성은 한층 강화되었다. 이를 근거로 하여 원호제도의 기본 이념을 재정립하였고, 보상과 예우(존경과 추앙, 사회적·물질적 지원 등), 상징화(정신적·상징적 예우) 사업을 강화하기 시작했다. 또한 보훈대상자의 범위도 확대하여 대상에서 누락되었던 후손 없는 순국선열이나 무공수훈자도 포함되었으며, 이들에 대한 물질적 지원이 중점적으로 이루어졌다. 이와 함께 국가사회 발전에 기여한 특별공로 순직자·상이자·공로자 등도 예우 대상자의 범위에 새로

---

*   참고: 한국학중앙연구원. 2020.10.15.(http://www.aks.ac.kr).

포함했다.

이 당시 순국외교사절(미얀마 아웅산 암살 폭파 사건)에 대하여
도 국가유공자로서 보상과 예우, 그리고 추앙할 수 있도록 '유공
자 개념'을 재정립하였다. 이러한 새로운 내용을 반영하고 과거
에 필요할 때마다 추가로 제정하던 법규로 세분화하는 한편, 상
호 불균형하던 법규들을 개선하는 등 원호법(「군사원호보상법」과
「국가유공자등특별원호법」의 2개의 기본법과, 「군사원호보상급여금법」,
「군사원호대상자자녀교육보호법」, 「군사원호대상자임용법」, 「군사원호
대상자고용법」, 「원호대상자정착대부법」의 5개의 '지원법'을 통합)* 체계
를 정비하고, 1984년 8월 법률 제3742호로 「국가유공자 예우 등
에 관한 법률」을 제정, 공포함으로써 당시 시행되던 원호제도를
부분적으로 개선하여 복지원호의 기반을 조성하였다.

그리고 기타법 7개 중 「원호재산특별처리법」은 없애고, 나머
지 6개 법(「원호기금법」, 「애국지사사업기금법」, 「월남귀순용사특별보
상법」, 「군인보험법」, 「원호대상자단체설립에 관한 법률」, 「한국원호복지
공단법」)은 그대로 두었다.

---

* 참고: 한국학중앙연구원. 2020.10.15.(http://www.aks.ac.kr).

새로운 법제도는 1985년 1월 1일부터 시행되었고, 이와 더불어 원호 관계 용어와 호칭 및 명칭 등이 대폭적으로 바뀌게 되었다. 기존의 '원호대상자'는 '국가유공자'로, '원호처'는 '국가보훈처'로 바뀌고, '원호'라는 말은 모두 '보훈(報勳)', '국가유공자' 또는 '보상'이라는 말로 바뀌게 되었다.*

4) 보훈복지제도 고착기

1990년대에 들어서면서 국가보훈처에 '기념사업국'이 신설되어 순국선열 및 독립유공자들의 숭고한 애국심을 기리는 상징 정책 차원에서의 민족정기 선양 기능이 수행되기 시작되었다. 민·관의 협력 하에 역사 인식을 위한 유적지에 대한 순방 및 보전과 문화재등록 등, 국내 및 국외사적지를 통한 민족정기 함양 사업이 활발히 진행되었다. 민족정기 함양 및 선양은 독립유공자를 발굴하여 포상하고, 독립운동공훈록을 간행하였으며, 독립운동관련 학술회의 지원 등의 사업이 꾸준히 추진되었다. 또한

---

* 참고: 한국학중앙연구원. 2020.10.15.(http://www.aks.ac.kr).

국가유공자의 희생에 대한 국가적 보은의 표시 및 영예로운 생활의 유지와 보장을 위해, 국가유공자와 그 유족의 생활안정과 복지향상을 도모하고 있으며, 국가보상과 사회보장의 국가보훈 업무의 중추적 기능을 수행하게 되었다.*

그리고 냉전 종식, 평화 외교 등으로 인한 전쟁 감소 등의 환경 변화에 따라 보훈대상자의 범위 선정에 대한 새로운 기준의 정립이 필요하게 되었다. 2000년 이후, 사회경제의 발전으로 인하여 국민 전체적으로 그리고 국가의 전반적인 사회보장정책이 향상되면서 보훈복지는 상대적으로 미약하게 되었다. 이러한 시급한 현실에서 벗어나 기존의 보훈복지정책에 안주하지 않는 새로운 보상시혜정책 개편이 필요하게 되었다.

---

* 대한민국상이군경회, 2004, 931쪽.

3. 보훈복지제도의 사회적 합의체계

1) 보훈복지정책의 개념

복지정책은 '국민의 인간다운 생활을 보장하기 위해 국가가 적극적으로 수행하는 모든 정책'을 말하며, 김종성(2005)은 보훈정책은 정부가 국가를 위한 공헌에 보답하기 위하여 행하는 사업계획이나 활동이라고 정리하고 있다. 다시 말해, 사회복지정책은 전 국민을 대상으로 국민의 인간다운 생활과 안정을 도모하는 모든 형태의 정책을 의미하며, 보훈정책은 국가를 위해 희생한 자에 대한 공헌의 보답으로 행해지는 국가의 지원과 활동을 의미한다.

사회복지정책은 국가의 이념에 따라 국가가 적극적으로 정책을 수행"하는 것으로, 20세기에는 새로운 기본권의 형태인 사회권적 기본권의 일환으로 강조되고 있다.

현대 국가의 복지정책 수행의 의무를 처음으로 규정한 헌법은 독일의 바이마르 공화국의 헌법이라고 할 수 있다. 1919년 독일 바이마르 공화국이 출범함으로써 시작된 바이마르 헌법은 사회권적 기본권을 헌법에 최초 규정하여, 국가의 복지 정책 수혜의 헌법적 근거를 마련하게 된 것이다.

이후로 현재에 이르기까지 거의 모든 국가들은 복지정책을 수행하게 되는데, 복지 정책의 궁극적 목적은 국민들의 삶의 질 향상을 통하여 인간다운 삶을 누리도록 하는데 있다.*

보훈복지정책은 사회복지정책과 서비스 이외에도 국가에 대한 헌신과 희생에 대한 보상과 보답의 의미가 있으므로 서비스 자격에 대한 보훈복지대상자의 '권리성'이 중요시되며, 충분한 수준에서 확보되지 않으면 불공평하다고 인식하게 된다. 전문가 및 관계자들의 입장에 따라 보훈복지정책에 대한 견해의 차이가 있는 것은 분명하나, 보훈복지정책은 국가의 거시적인 사회복지정책 플러스 보훈정책을 포함한 것이라고 볼 수 있다([그림 1]).

즉, 보훈복지대상자의 희생에 대한 예우와 보상을 추가한 개념으로 일반 국민이 대상인 사회복지에 비해 '플러스알파 복지'라고 정리할 수 있다.

---

* 참고: 〈네이버 지식백과〉; 복지국가. 2020. 10. 16. (https://terms.naver.com/list. nhn?cid=44626&categoryId=44626)

[그림1] 보훈복지정책 개념

사회복지정책 +	보훈정책	=	보훈복지정책

2) 보훈복지의 대상

시대별 보훈대상자에 대한 규정은 「국가보훈기본법」에서 다음과 같이 제시되고 있다. 「국가보훈기본법」 목적에는 제1조 '국가를 위하여 희생하거나 공헌한 사람', 제2조 기본이념에는 '국가를 위하여 희생하거나 공헌한 분들'이라 명시하고 있으며, 여기서 '희생하거나 공헌한 분들' 즉 '희생·공헌자'는 국가보훈의 핵심 대상이라고 할 수 있다.* 또한 동법 제3조는 '희생·공헌자'의 행위 요건을 ① 일제로부터의 조국의 자주독립, ② 국가의 수호 또는 안전보장, ③ 대한민국 자유민주주의의 발전, ④ 국민의 생명 또는 재산의 보호 등 공무수행으로 분류하여 정리하고 있으며, 같은 조항 제2호는 '희생·공헌자와 그 유족 또는 가족으로서 국가보훈 관계 법령의 적용대상자'를 의미한다. 국가보훈대

---

* 서운석 외 5명, 2008.

상자는 다양한 개별 법률에 근거하고 있다. 또한 한국의 역사적인 사건으로 크게 구분되어 선정되기도 하는데, 시대별 보훈대상자의 분류는 〈표 1〉과 같다.

〈표 1〉 시대별 보훈대상자

광복이전	6·25	4·19	월남전	5·18	평시
애국지사 순국선열	전몰 전상 무공	사망 부상 공로	전몰 전상 무공	사망 부상 기타 희생	순직·공상, 보국, 국가사회발전 관련자
-	참전유공자	-	참전유공자 고엽제후유의증 등 환자	-	제대군인 특수임무수행자

자료 : 국가보훈처, 2009, 국가보훈실무(교육자료).

그리고 「국가유공자예우법」 제4조에서는 등록제외 대상을 규정하고 있으며, 세부내용은 ① 불가피한 사유 없이 본인의 고의 또는 중과실, 관련 법령 또는 소속 상관의 명령을 현저히 위반하여 발생한 경우, ② 공무를 이탈한 상태에서 사고 또는 재해로 인한 경우, ③ 장난, 싸움 등 직무수행으로 볼 수 없는 사적인 행위가 원인이 된 경우라고 정리하고 있다. 계속하여 보훈대상자의 권리 소멸의 규정을 제시하고 있는데, ① 사망한 때, ② 국적을 상실한 때, ③ 유공자의 유족 또는 가족에 해당하지 아니하게 된 때, ④ 유공자 및 유가족이 법 적용 배제 사유에 해당할 때이다.

국가유공자 예우법 제79조 ①항에는 국가보안법, 형법에서 정한 죄로 금고 이상의 실형 선고를 받고 그 형이 확정된 자는 배제된다고 정하고 있다. 배제되어 제외된 보훈대상자의 재등록 가능한 경우는 ①형 집행이 종료되거나 집행을 받지 아니하기로 확정된 날로부터 3년이 경과한 때, ②그 밖의 경우에는 법 적용 대상에서 제외된 날로부터 2년을 경과한 때라고 정리하고 있다.

법률에서 규정하는 보훈대상자의 법적 분류 기준은 보훈법률, 기타 대상자, 타 법령에 의해 예우법 적용을 받은 경우로 구분할 수 있다. 보훈법률에 의한 대상은 8개 법률로 규정하고 있는데 「독립유공자예우에 관한 법률」, 「국가유공자 등 예우 및 지원에 관한 법률」, 「5·18민주유공자 예우에 관한 법률」, 「특수임무유공자 예우 및 단체설립에 관한 법률」, 「참전유공자 예우 및 단체설립에 관한 법률」, 「고엽제후유의증 등 환자 지원 및 단체설립에 관한 법률」, 「제대군인지원에 관한 법률」, 「보훈보상대상자 지원에 관한 법률」에 따라 본인과 유족이 해당하며 세부내용은 다음 〈표 2〉와 같다.

〈표 2〉 보훈법률에 의한 보훈대상자

구분	대상	유족
독립유공자예우에 관한법률	순국선열, 애국지사	배우자, 자녀, 손자녀1, 며느리2
국가유공자 등 예우 및 지원에 관한 법률	전몰·전상군경, 순직·공상군경, 무공·보국수훈자, 6.25재일학도의용군인, 4.19사망·부상·공로자, 순직·공상공무원, 국가사회발전특별공로순직·상이공로자	배우자, 자녀, 부모, 조부모3, 미성년제매4 배우자, 자녀, 부모, 조부모3, 미성년제매4 배우자, 자녀, 부모, 조부모3, 미성년제매4
5·18민주유공자 예우에 관한 법률	5·18민주운동사망·부상자, 그 밖의 희생자	
특수임무유공자 예우 및 단체설립에 관한 법률	특수임무 사망자, 특수임무 부상자, 특수임무 공로자	
참전유공자 예우 및 단체설립에 관한 법률	참전유공자(6.25전쟁, 월남전)	유족불인정 (고엽제후유의증 2세 환자 제외)
고엽제후유의증 등 환자 지원 및 단체설립에 관한 법률	고엽제의증환자(19개 질병), 고엽제2세 환자(3개 질병)	
제대군인지원에 관한 법률	중장기복무제대군인	
보훈보상대상자 지원에 관한 법률	재해사망·부상군경, 재해사망·부상공무원	배우자, 자녀, 부모, 조부모, 미성년제매

주: 1) 독립유공자의 유족으로 최초로 등록할 당시 이미 자녀 및 손자녀까지 사망한 경우에는 독립
유공자의 가장 가까운 직계비속 중 1명을 손자녀로 본다. 2) 며느리로서 1945년 8월 14일 이전
에 구호적에 기재된 자 3) 성년인 직계비속(直系卑屬)이 없는 조부모 4) 60세 미만의 직계존속
(直系尊屬)과 성년인 형제자매가 없는 미성년 제매(弟妹)
자료 : 임완섭 외, 「국내·외 보훈보상 유사제도 보상금 지급수준에 대한 비교연구」, 2017.

기타 대상자의 분류는 첫째, 「국가유공자 예우법」제74조에 따라 '전투 종사 군무원 등에 대한 보상'이 있다. 또한 '군사적 목적으로 외국에 파견된 군무원, 공무원, 정부의 승인을 얻어 전투 또는 군 작전에 종군한 기자, 전시근로동원법에 의해 동원된 자, 청년단원·향토방위대원·소방관·의용소방관·학도병, 기타 애국단 대원'이 해당된다.*

둘째, 「국가유공자예우법」제73조에 따라 '6.18자유상이자'가 있다. 북한의 군인 또는 군무원으로서 6.25전쟁 기간 중, 국군 또는 국제연합군 포로가 된 자 중 일정 요건에 해당되어 상이를 입은 경우는 '공상군경'에 준해 보상한다.

셋째, 「국가유공자예우법」제73조 2항에 따른 지원대상자(사망 또는 상이가 불가피한 사유 없이 본인의 과실로 인하여 또는 본인의 과실과 경합된 사유로 발생한 경우)는 보상을 실시하지만 국가유공자 칭호는 부여되지 않는다.

넷째, 법령에 의해 예우법 적용을 받는 대상자는 전투경찰대원, 경비교도대원, 향토예비군설치법, 민방위대원, 소방공무원,

---

* 이영자 외 3명, 2009.

보안유공자, 국가정보원 직원, 비상대비훈련 참가자, 학생군사교육생, 공익근무요원, 의무소방대원, 대통령경호실 직원, 위험직무 관련 순직공무원이 있다. 보훈대상의 적용을 받기 위해서는 각 법령에서 정한 대상요건, 적용대상이 되어야 한다.*

3) 보훈급여금의 종류

국가를 위하여 희생하거나 공헌한 국가유공자와 그 유족 등의 생활 안정과 영예로운 생활유지를 통해 국민으로부터 존경과 예우를 받을 수 있도록 국가가 응분의 보상금과 수당을 지급하고 있다. 보상금은 국가유공자 및 유족 등의 희생과 공헌의 정도 및 고령, 무의탁 등 보상금 수급권자의 개별 여건에 따라 차등 지급하는 금전적 급부를 지칭한다.**

보상금 지급대상은 국가유공자 또는 국가 유공자의 가족 중에서 보상금을 받을 수 있는 사람(「독립유공자예우에 관한 법률」제12조에 명시된 독립유공자와 그 유족 중 선순위자), 또는 「국가유공자법」제

---

*   국가예산정책처, 2019.

**   참고: 국가기록원. 2020. 10. 16.(www.archives.go.kr)

12조에 명시된 국가유공자와 그 유족 중 선순위자, 「보훈보상자법」 제11조에 명시된 보훈보상대상자 및 그 유족)이 해당한다.

지급수준은 「통계법」 제3조 제2호에 따라 통계청장이 지정하여 고시하는 통계 중 가계조사통계의 전국가구 가계소비지출액 등을 고려하여 보훈대상자의 희생과 공헌 정도에 따라 상응하게 결정해서 지급된다. 수당은 특별공훈, 연령, 생활여건, 경제사정 등을 감안한 부가적 급여를 의미한다. 수당에는 보상금의 부가적 성격의 수당 7종과 독자적 성격의 수당 6종이 수급되고 있으며 세부내용은 〈표 3〉과 같다.*

사망일시금은 보상금 수급권자가 사망한 경우 그 유족에게 보상금 지급 순위에 따라 장례비 및 보상금 종결 성격의 일시금인 사망일시금을 지급한다.**

---

* 이용재 외 3명, 2019.
** 임완섭 외 6명, 2017.

〈표 3〉 보훈대상자 지급 수당 종류

구분		지급대상
보상금 부가적	간호수당	1~2급 중 중상이자의 개호비용으로 매월 지급하는 수당
	중상이부가수당	1급(1~3항) 보상금수급자
	생활조정수당	국가유공자와 그 유족 등의 생활정도를 감안하여 생계가 곤란한 저소득 가구에 지급
	부양가족 수당	부양가족(배우자, 자녀 등)이 있는 보상금수급자
	고령수당	60세 이상 보상금 수급자
	전상수당	전쟁 중 상이를 입은 전상군경
	2명 이상 사망수당	보상금 수급자로 2인 이상 자녀 등 사망한 경우
개별 수당	6.25전몰군경자녀수당	1954.10.25. 이전 또는 서남지구 전투경찰대 소속으로 참전하여 전사(순직)한 자의 선순위 자녀 1인에 한하여 지급 보상금을 받고 있는 유족이 있을 경우에는 지급하지 아니함
	고엽제후유의증 등 환자(고엽제후유증 2세 환자) 수당	고엽제후유의증 등 환자(고엽제후유증 2세 환자)로서 대통령령이 정하는 장애등급에 해당하는 것으로 판정된 자에게 지급하는 수당
	무공영예수당	60세 이상 무공수훈자로서 예우법에 의한 보상금을 받고 있지 않은 자에게 지급
	참전명예수당	65세 이상 참전유공자로서 예우법 및 고엽제후유의증 등 환자법에 의한 보상금 또는 수당을 받고 있지 않은 자에게 지급
	4·19혁명공로수당	4·19혁명공로자에 대하여 4·19민주이념을 기리기위해 지급하는 수당
	무의탁수당	상이군경(5~7급) 및 보상금을 지급받는 유족이 고령으로 의탁할 성년 자녀가 없는 경우 지급하는 수당

자료 : 임완섭·김태완·김문길·황정하·정용문·강형민, 「국내·외 보훈보상 유사제도 보상금 지급수준에 대한 비교연구」, 2017, 44쪽 표 일부를 편집.

4) 사회적 합의체계

국가유공자에 대한 특별한 예우와 지원은 일반 국민들로 하여금 애국심을 함양하는 본보기이기도 하다. 또한 조국에 대한 헌신성·국가관·애국심 등과 같은 국가 공동체 의식의 올바른 정립을 목적으로 추구하는 하나의 기제이며, 복지로서의 물질적 지원뿐만 아니라 보훈의 정신을 계승함으로써 국민의 애국정신 함양과 국가의 지속적 발전을 위한 정신적 가치를 창출하는 데 이바지하고 있다.* 보훈복지제도는 보훈대상자에게 물질적·정신적 손실 및 보상적·은혜적 차원의 각종 지원을 실시하는 것을 의미한다.

더 나아가 보훈대상자의 공헌에 대해서는 물론, 그 유가족에 대한 예우와 지원을 하고, 이들의 영예로운 생활을 보장하고 국민의 애국심을 함양하기 위한 정책의 개념을 포괄하고 있다. 즉, 국가가 책임지고 실질적인 보상을 통해 보훈대상자들의 생활이 안정되도록 보장한다는 것이며, '기억·기념', '예우·감사', '참여·

---

* 윤승비 외 5명, 2020.

통합' 등의 사업을 통해 그들이 국민에게 예우와 존경을 받을 수 있게 지원한다는 의미이다.

(1) 보상과 예우: 보상은 '남에게 진 빚이나 받은 은혜를 갚음'의 뜻이며, 예우는 '예의를 지켜 정중하게 대우한다'는 뜻이다. 즉, 보상과 예우는 타인에게 진 빚 또는 은혜를 갚고 그를 정중하게 대한다는 의미이다.

국가는 민족을 위해 목숨을 바치고 민족혼을 일깨운 희생자, 유공자, 그 가족에게 국민 단합을 도모하는 현대적 의미의 생산적 복지를 제공하고, 국가가 제공하는 감사를 체감할 수 있도록 인간다운 삶을 보장하는 것이 보훈이고 보훈복지정책이다.

국가는 독립유공자와 그 유족 또는 가족에 대해 국가가 응분의 예우를 함으로써 독립유공자와 그 유족의 생활안정과 복지 향상을 위한 법률을 제정하였다(1994.12.31, 법률 제4856호). 보훈복지정책은 국가유공자에 대한 예우뿐만 아니라 이에 상응하는 경제적·물질적 보상을 함께 지원하며, 보훈대상자에 대해 지원(보상금지원, 교육보호, 취업지원, 의료지원, 대부지원 등)하는 사업이 확대되었다. 또한 생활이 어려운 독립유공자 후손을 위한 생활지원금을 신설하고 참전명예수당의 인상, 참전유공자의 보훈병원·위탁병원 진료비 감면율이 확대되었다.

(2) 상징화[symbolization, 象徵化]: 상징(symbol)은 함부로 가까이 할 수 없을 만큼 고결하다는 의미이며, 추상적인 개념이나 사물을 구체적인 사물로 나타낸다는 개념이다. 이러한 개념을 매개로 하여 다른 것을 알게 하는 작용을 가진 것으로서, 인간에게만 부여된 고도의 정신작용의 하나라고 할 수 있다.

상징화는 어떤 대상이나 사상이 다른 대상이나 사상을 나타내는 데 사용되는 정신기제이며, 한 대상으로부터 그 대상을 나타내는 상징으로 정서적 가치가 이동되는 현상을 말한다. 즉, 어떤 대상을 상징의 관점에서 파악한다는 것인데, 언어, 의식, 신화, 이념, 사건, 제도 등 가시적인 것과 비가시적인 것이 은유성, 한계성 및 모호성 등의 특징이 있는가를 분석하고 이를 통해 어떠한 효과를 나타내는가를 살펴보는 시각이다. 상징은 특정한 대상물, 즉 개인적·집단적 상징에 따라 부여되는 의미와 주체적 성격이 다르게 구분된다.

또한 가시상징(외연적 의미 이상을 지니고 있지 않음)이나, 함의상징(외연적 영역을 넘어서는 복합적인 의미를 내포하고 있는 상징)은 표층에 자리하는지, 심층에 자리하는지에 따라 대상물의 의미를 구분하기도 한다. 또한 상징은 기호나 언어로 개념의 특징을 나타내기도 한다.

이러한 상징의 다양한 개념은 사회의 곳곳에 접목된다. 한국의 상징적 보훈정책은 현충일 추념식, 호국보훈의 달 행사, 대한민국임시정부수립 기념행사 등과 같은 보훈 행사와 국립묘지 안장, 이장지원사업, 해외 선열유해봉환 사업, 독립유공자 발굴사업 등의 민족정기 선양사업과 참전 제대군인 예우 및 명예선양 사업 등으로 유형화되고 있다.*

최근 몇 년간 '국가유공자의 명패'달아드리기 등의 사업이 진행되었다. 여성의 경우 인적사항과 활동 내용이 드러나기 어려웠던 당시 시대 상황을 고려해 포상 기준을 새롭게 만들고 여성 독립운동가의 발굴 및 포상 사업도 활발히 진행되었다.

상징화 사업은 국가적 차원에서 진행하기도 하지만, 지역사회 차원에서도 진행되기도 한다. 각 지역에서 일어난 독립만세운동 기념물 제작, 기념물 건립 등 상징화하기 위한 사업과 정체성 확립을 위한 사업 등, 지역사회가 적극적으로 주도하고 있다. 건립에 필요한 지원금 확보를 둘러싼 문제, 설계와 시공에 관한 전문

---

* 형시형 외 3명, 2011.

가 집단과의 문제 등이 제기되기도 하지만, 지역사회의 능동성과 주체성에 의하여 상징적인 기념탑 및 기념물들은 지역 정체성을 재생산하고 강화하는 데 적극적으로 활용되고 있다. 이 외에도 영화 제작, 교과과정 개편, 온라인 강의 등 다양한 문화 콘텐츠 개발 및 활용을 통한 상징화 사업이 진행되고 있다.

5) 보훈복지 환경변화

(1) 보훈복지대상의 변화: 현재 한국의 60세 이상 인구는 전체 인구의 24%이며(통계청, 2020.03), 65세 이상 인구는 2026년 20%로 초고령사회에 진입할 것으로 예측된다. 고령인구의 증가는 가족과 사회·경제환경 전반에서 변화를 가져오게 된다. 그것은 고령 인구 중 독립적인 생활이 불가능하고 타인으로부터 생활 도움을 받아야만 생활이 가능한 대상이 증가하기 때문이다.

생활 도움이나 간병 도움에 대한 서비스 수요는 현재에도 지속적인 증가 추이를 보이고 있으며, 여기에 소모되는 경제적 소비의 구조가 변화하고 있다. 이러한 사회인구학적 변화의 흐름은 보훈대상자에게서도 나타나고 있다.

2020년 현재 보훈복지대상자의 평균 연령은 72.87세로, 전체

대상자의 50%에 달하며, 70대 이상의 비율은 70% 육박한다. 또한 공상군경 등 예전에 젊은 연령대의 보훈복지대상자가 고령층으로 접어들고 이에 따라 전체 보훈대상자 대비 보훈복지대상자가 증가하고 있다.

보훈복지 대상별로는 독립유공자 8,287명(0.98%), 국가유공자 398,745명(47%), 참전유공자 271,846명(32%), 제대군인 93,820명(11%), 고엽제후유의증 등 환자(2세 환자 포함) 51,871명(7%), 보훈보상대상자 5,798명(0.73%), 5·18민주유공자 4,406명(0.52%), 특수임무유공자 3,796명(0.45%), 지원대상자 2,842명(0.3%), 6·18자유상이자 367명(0.0%) 순으로 나타나고 있다.*

보훈복지대상자 본인의 사망으로 인해 유가족 비율이 증가하고, 공상·경상이·지원대상자 등 공헌성이 상대적으로 미약하거나 부상의 정도가 경미한 보훈복지대상자의 비율이 증가하였다.** 또한 수급권이 이동하고 여성군인·여성공무원의 수적 증가로 인해 여성 보훈복지대상자의 수가 증가하였으며, 보훈복지대상자의 기대수준이 다양화되었다.

---

* 보훈처, 2020.10.
** 이용재 외 3명, 2019.

(2) 보훈복지서비스 변화: 2010년 이후, 보훈복지제도의 발전과 관련한 다양한 관점에서의 연계성 연구가 진행되었으며, 이를 통하여 국가유공자와 유가족뿐만 아니라 일반 국민이 충분히 인식할 수 있는 보훈복지 체계를 구축하기 위한 노력이 활발히 진행되었다. 무엇보다도 단순하고 명쾌한 보훈복지시스템을 구축함으로써 사회갈등을 완화하고, 일반 국민도 누구나 이해할 수 있을 정도의 보훈복지 체계와, 보훈보상행정의 효율화를 실현하기 위해 노력해 왔다.

국가보훈정책은 중앙과 지방의 대등한 복지거버넌스로 변화하여 '지역 중심 복지패러다임'의 복지서비스전달 체계 구축으로 나타나고 있는 국가거버넌스의 구도에 맞추어 다양한 보훈복지서비스 제공을 위해 노력하고 있다.

2013년 개편된 국가 사회보장기본법 시행에 따른 평생사회안전망 조성과 복지전달 체계의 개편은 지방자치단체의 복지거버넌스 성격이 더욱 강화되었다. 또한 보훈복지대상자의 고령화와 점진적 감소 추세에서 보훈대상자의 삶의 질 향상을 위한 보훈복지서비스를 확대하였고, 보훈복지 환경의 변화에도 직·간접적인 연관성을 가지고 있다.*

특히, 보훈복지 대상자의 보훈복지서비스 및 사후관리와 서비스의 질 강화에 중점을 두고 생애주기별 평생 복지서비스를 확대하였다. 이에 따라 보훈처의 지청들에서는 지역에 거주하는 보훈대상자들에 대한 다양하면서도 세분화된 맞춤형 복지서비스를 제공하기 위한 노력을 하고 있으며, 사후관리를 위한 체계적인 시스템을 구축하고 있다.

국가 보훈처는 보훈대상자를 위한 각종 지원 제도를 별도로 운영하고 있으며, 각 지청에서는 지청 자체의 대상자의 수준에 따른 제도적 서비스를 진행하고 있다.

이와 함께 보훈복지의료공단은 사회적 흐름의 변화에 대비해 고령·만성질환 등으로 거동이 불편한 보훈 가족을 대상으로 하는 재가복지사업 및 보훈 돌보미 지원 사업, 요양사업, 의료사업, 재활 및 휴양 등의 지원을 펼치고 있다. 최근 보훈복지서비스의 범위는 보훈대상자의 고령화에 따른 지원을 확장하고 복지서비스 질 향상을 위한 정책적 고민 해결을 위해 노력하고 있다.

---

* 황미경, 2015.

사회복지전달 체계의 지역 활성화에 발맞추어 보훈복지대상자에 대한 지역 연계형 복지전달 체계를 확립하기 위한 노력도 지속하고 있다.

(3) 보훈복지서비스 및 전달 체계 변화: 사회복지서비스 전달 체계는 광의적 성격을 띠지만, 보훈복지서비스 전달 체계는 협의적 성격을 띠고 있다([그림 2]).

[그림2] 보훈복지서비스전달 체계의 구조

국가보훈처 → 지방자치단체·민관협력 → 지방보훈지청 →
보훈복지의료공단 → 보훈복지대상자

국가보훈 조직의 위상 강화와 지방자치단체의 보훈복지서비스 전달 체계 구축을 위하여 지역 특성과 보훈 인구 구성에 따른 서비스 접근성 확보와 전문 인력 확대 배치가 더욱 더 필요하다. 특히 보훈대상자에 대한 복지서비스를 관할하는 보훈처의 지청과 보훈복지의료공단의 역할이 중요시되고 있다.

현재 보훈처의 지청 및 보훈복지의료공단은 보훈복지센터를 통한 돌봄의 연속성을 책임지는 사례관리체계를 구축하기 위하여 종합서비스를 지원하고 있다. 특히, 가사 및 보편적 간병서비스 지원을 확대하고 요양·재활서비스, 재활체육시설운영, 휴양,

양로, 요양 등 다양한 유형의 시설 이용을 지원하고 있다.

그리고 보훈대상자의 영예로운 일상생활을 위한 교통 지원, 보다 높은 수준의 보훈복지혜택을 체감할 수 있도록 보훈복지서비스 인력 역량을 지속해서 강화하고 있다.

4. 나가며: 보훈복지증진을 위한 국가보훈발전 방향

한국의 보훈보상제도는 지난 60년간 사회경제적 수준의 향상과 시대적 요구 및 요청에 따라 발전과 변화를 거듭해 왔다.

보훈대상자에 대한 복지의 책임과 수행은 물론, 보상과 예우 및 상징화 사업 등 그들을 잊지 않고 기억하기 위한 사업이 진행되어 왔다. 지난 시기에 비하여 보훈대상자에 대한 국가의 배려가 향상되었음에도 불구하고, 보상제도의 형평성의 문제, 보상수준과 기준의 적정성에 대한 논쟁은 지속되고 있다.*

보훈대상자로 인정되었으나, 기본적인 욕구라고 할 주거, 위

---

* 윤승비 외 5명, 2020.

생, 보건의료 등의 필요를 충족할 수 없는 상황에 놓여 어려움을 겪고 있는 분들이 있다. 대한민국에 생존하고 있는 보훈대상자의 연령은 2020년 10월 현재 평균 72.87세이며, 전체 보훈대상자의 44.2%가 최하위의 생활보조금으로 생활하고 있다.

특히 65세 이상의 노인 중 소득기준 하위 70% 이하 수준의 노인에 대한 생활안정 지원과 복지증진을 위해 지급되는 기초연금 제도에 있어서 보훈대상자의 보훈급여금이 기초연금 지급대상을 결정하는 소득의 범위에 포함되고 있다. 또한, 보상금이 국민기초생활 소득산정에 포함되기 때문에 기초생활 보장해택을 받지 못하는 보훈대상자가 발생하였고, 기초연금 대상에서도 탈락하는 현상이 지속해서 발생하다 보니 최저생활조차 영위하지 못하는 대상자들이 존재한다.

오랜 역사 속에서 철저한 기틀을 다져 온 나라는 별도의 국가보훈제도라 불리지 않고 사회보장제도에 포함되어 보상과 예우를 하고 있는데, 이것은 사회보장제도의 발전에 의하여 보훈제도가 사회보장제도에 흡수되어 간다는 것을 알 수 있다. 그렇다고 보훈제도가 없어지는 것이 아니라, 사회보장제도와 기타의 국가기능이 보훈업무를 대신 수행하는 것이라고 볼 수 있다.

길버트와 테렐(Gilbert & Terrell, 2005)에 의해 개편된 사회복지

전달 체계는 "특정 목적을 달성하기 위한 행동들의 원칙, 지침, 일정한 계획, 조직화된 노력"으로 계획되고 조직화된 행동 방침으로 정의되어 있다. 오늘날 한국의 보훈정책은 보훈대상자의 생활안정과 그들의 평안한 노후를 보내도록 국가사회복지를 기본으로 하고 그 위에 보상이 더해지는 그러한 보훈복지 시스템으로 확대시켜야 할 필요성을 제시한다.*

2006년 11월에 수립된 국가보훈 발전 기본계획은 현재까지 4차 계획(2018~2022)을 추진하고 있다. 제1차 국가보훈발전 기본계획(2006.11) 전문에서는 "오늘의 대한민국은 수많은 선열의 위국헌신 정신과 피와 땀 위에 건설하였고, 국가보훈은 국가를 위해 헌신한 사람들을 끝까지 책임진다는 국가와 국민 간의 약속이다. 이를 위해서는 희생과 공헌에 상응한 보상과 예우, 공동체의 기본가치인 나라사랑 정신 확산, 제대군인에 대한 사회복귀 지원을 해야 한다."라고 정의하였다. 또한 계획 수립의 배경으로 "그간 보훈정책은 꾸준히 발전하여 왔으나, 보훈대상 범위 확대 요구, 고령화에 따른 의료·복지 수요 증가 등 환경이 급변하였

---

* 윤승비 외 5명, 2020.

다. 따라서 보훈의 현 좌표에 대한 종합적 점검과 새로운 여건에 알맞은 중장기적 종합계획 수립 필요"성을 강조하였다.*

구체적인 절차와 계획으로는 "「국가보훈기본법」('05.12 시행)에서 「국가보훈발전 기본계획」을 수립하도록 규정하고, '03년 범정부적인 '호국보훈정책기획단'을 운영하여 수립한 「호국보훈정책 중장기발전계획」 보완·발전, 계획 수립 이후 여건 변화를 수용, 범정부 차원의 보훈정책 방향과 추진계획 제시"라고 밝혔다.

현 정부의 보훈정책은 "국가를 위한 헌신을 잊지 않고 보답하는 나라를 국정과제로 채택, 새로운 시각에서 기존 정책의 개선 방안을 모색"하는 방향으로 추진하고 있다. 또한 "보훈대상자의 구성과 구조의 변화, 국민통합의 기제로서 보훈의 역할 제고 필요, 국가보훈에 대한 국민의 공감대 확대 필요, 남북관계 개선에 따른 보훈정책의 변화"를 추구하는 것이다. 추진 비전은 "국가를 위한 헌신이 정의롭고 당당한 대한민국"이고 목표는 "보훈 가족 중심의 따뜻한 보훈으로 최상의 예우 실현"이다. 현 정부의 보훈정책과 「국가보훈발전 기본계획」과의 차이점은 "공급자 중심에

---

* 윤승비, 2020.

서 보훈 가족 중심의 따뜻한 보훈으로 전환"한 점이다.

2006년부터 지금까지 보훈정책 발전 기본계획을 정부별로 수립하여 5년 단위로 잘 추진해 왔다. 추진 방향이나 실천에서는 각 정부마다 특색을 반영한 다름이 있음을 인정해야 하지만, 정부마다 차이를 두는 비전과 목표는 보훈정책 본질의 모습에서는 큰 차이가 없음을 알 수 있다. 또한 이러한 차이는 시대의 변화를 반영한 모습으로 이해하고, 거창한 것보다는 작은 것에서부터 출발하는 세심한 배려가 필요하다.

이와 관련하여 보훈처와 보훈복지의료공단의 위상을 높이는 것은 보훈대상자에 대한 복지서비스를 향상하는 책임·역할과 밀접하게 연계되어 있다.

보훈복지서비스의 양적·질적 변화를 위한 전략을 세우고 지방자치단체 중심으로 이루어지고 있는 보훈복지 전달 체계의 조성을 위하여 균형 있고 합리적인 연계 서비스의 접근을 유도해야 한다. 또한 통일 담론이 확대되는 시대적 요구에 따른 보훈대상자의 복지권 보장, 세대 간 인식의 통합 과정을 통하여 보훈에 관한 사회적 합의를 도출하는 것과 지역적으로 균형 있는 보훈복지서비스를 확대해 나가야 한다.

보훈복지서비스의 가장 중점적인 사항은 보훈대상자의 고령화와 점진적 감소 추세에서 보훈대상자의 삶의 질 향상을 위한 지속적인 보훈복지서비스를 확대해 나가는 것이다.* 변화하는 사회 환경에 맞춰진 보훈복지서비스 전달 시스템의 개편을 추진하여 통합 시스템을 구축하고, 대상자의 상황을 고려하는, 형평성과 적정성에 맞는 보훈복지서비스가 합리적이고 신속하고 정확하게 전달되어, 보훈대상자의 삶의 만족도가 높아지고, 그분들의 노년이 평안해야 한다.

---

* 황미경, 2015.

[참고문헌]

□ 복지에는 날개를 보훈은 비상을 _ 김종우

김종우, 통일대비 남북 공적연금제도 통합방안-국민연금 공단 직원의 제도
      인식에 관한 혼합연구-, 박사논문, 서울기독대학교, 2018.
이용재, 나라사랑의식 종적분석, 보훈교육연구원, 2016.
이영자 외, 국가유공자의 문패 달아주기 등 다양한 국가유공자 예우방안 연
      구, 보훈교육연구원, 2015.
이영자, 2017년 새 정부 시대 보훈정책의 전망과 과제, 보훈교육연구원,
      2017.
이충렬, 보훈 복지정책의 혁신비전, 학민사, 2005.

□ 선진 강대국의 보훈복지와 대한민국 _ 이준희

국방부, 『2018 국방백서』, 서울: 대한민국 국방부, 2018.
배은숙, 『강대국의 비밀 』, 서울: 글항아리, 2008.
이찬수, 『평화와 평화들』, 서울 : 모시는 사람들, 2020.
배용, 『네오 로마제국』, 서울 : 북엔피플, 2020.
양승윤 외, 『호주 뉴질랜드』, 서울 : 한국외국어대학교 출판부, 2006.
안형주, 『외국의 보훈제도』, 서울 : 국가보훈처, 2005.
보훈교육연구원, 『국가유공자 문패달아주기 등 다양한 국가유공자 예우 방
      안연구』, 서울 : 보훈교육연구원, 2015.
보훈교육연구원, 『국가유공자 등 노후복지지원 사업평가 및 개선방안』, 서
      울: 보훈교육연구원, 2014.
한국보훈학회 학술회의 자료, 『명예로운 보훈과 국민안보의식 제고방안』,
      서울: 한국보훈학회, 2014.

보훈교육연구원, 『국제보훈동향 연차보고서』, 서울: 필코인, 2020.

서운석 외, 『보훈 선양의식의 현황과 과제』, 서울: 필코인, 2016.

국가보훈처, 『보훈발전 기본계획 2018-2022』, 서울: 삼일기획, 2018.

보훈교육연구원, 『보훈연구』, 서울: 필코인, 2015.

박삼득, 「제178회 세종로 국정 포럼 특강자료」, 2020. 2.

한국보훈복지의료공단, 「지구 반대편의 복지제도」, 2018.

표경애, 석사 학위논문, 2000년 국가보훈과 복지정책.

김무일, 「프랑스의 호국보훈문화」, 2017.

〈중앙일보〉 2020. '6.25전쟁 영웅들 70년 만에 귀한'.

□ 우리의 꿈, 보훈이 당당한 복지국가 _ 변해영

유시민, 『국가란 무엇인가?』, 돌베개, 49~52쪽, 57~62쪽, 2017.

짜우포충, 남혜선 옮김, 『국가의 품격은 어떻게 만들어지는가?』, 길벗, 10
　　쪽, 312쪽 2017.

변해영 외, 『인구절벽, 그 해법을 묻다』, 선비에듀, 59~70쪽, 2020.

다카하시 데쓰야, 이목 옮김, 『국가와 희생』, 책과함께, 15쪽, 255~256쪽,
　　2008.

이영자, 『다크투어리즘을 활용한 보훈자원 활성화방안』, 보훈교육연구원,
　　9~16쪽, 2019.

이찬수, 『평화와 평화들』, 도서출판 모시는사람들, 113쪽, 177쪽, 183쪽,
　　2020.

전상봉, 『통일, 우리 민족의 마지막 블루오션』, 시대의창, 414~416쪽, 2007.

배철현, 『인간의 위대한 여정』, 21세기북스, 65~69쪽, 2017.

양재진, 『복지의 원리』, 한겨레출판, 8~9쪽, 2020.

윤홍식 외, 『우리는 복지국가로 간다』, 사회평론아카데미, 257~267쪽, 2020.

국가보훈처, 「2020 업무계획(2020.1.21.)」 참조, 2020.

국가보훈처, 「2020년도 이동보훈복지사업(BOVIS) 지침(2020.1)」 참조, 2020.

김병조, 「국가유공자 보훈재가복지서비스 유형별 이용자 실태분석」, 『보훈

연구』, 2019.

연대성, 『디지털 트랜드 2020』, 책들의정원 / 조원경(2018), 『한 권으로 읽는 디지털혁명 4.0』, 로크미디어 부분별 참조, 2019.

변해영 외, 『한눈에 보이는 4차산업혁명』, 미디어북, 188~198쪽, 2020.

이우영 엮어 옮김(2015), 『논어』, 아이템북스, 307~309쪽, 2015.

□ 한국 보훈제도의 발전과 보훈복지의 미래 _ 윤승비

김종성, 『한국보훈정책론』, 일진사, 2005.

문형표 외 3명, 「보훈보상 및 지원체계의 합리화 방안 연구」, 한국개발연구원, 2003.

서운석 외 5명, 「보훈제도와 일반사회복지제도 연계방안 연구」, 보훈교육연구원, 2008.

안상훈 외 3명, 「보훈급여금 보상 수준의 합리적 개편 방안」, 국가보훈처·서울대사회과학연구원, 2014.

유영옥, 『국가보훈학』, 홍익재, 2005.

윤승비, 「국가보훈발전 기본계획 추진 현황 연구」, 『통합사회복지연구』 제2권 제2호, 2020.

윤승비 외 5명, 「국가유공자 복지증진 확대 방안 연구」, 국가보훈처·보훈교육연구원, 2020.

이영자 외 3명, 「복지서비스 다양화를 통한 보훈복지 발전방안에 관한 연구」. 보훈교육연구원, 2009.

이용재 외 3명, 「국가보훈대상자 예측모형 개발 및 보훈급여금 전망」, 국회예산정책처, 2019.

임완섭 외 6명, 「국내·외 보훈보상 유사제도 보상금 지급수준에 대한 비교연구」, 보건사회연구원, 2017.

임태경, 「사회복지전달 체계의 네트워크 거버넌스 시스템 분석: 지역사회복지협의체를 중심으로」, 『한국정책학회 춘계학술대회 논문집』, 2009.

형시형 외 3명, 「나라사랑 함양을 위한 국가보훈 상징기능 관리방안 연구」,

국가보훈처, 2011.

황미경, 「지방자치단체의 보훈복지서비스전달 체계 확립과 통일복지거버넌스 구축」, 『한국보훈논총』 제14권 제3호, 2015.

Neil Gilbert and Paul Terrell, Dimensions of Social Welfare Policy, 6th Edition. Allyn & Bacon, 2005.

『2019년도 국정과제 주요 추진 실적』, 2019, 국가보훈처.

『2018년도 국정과제 주요 추진 실적』, 2018, 국가보훈처.

『제4차 국가보훈발전 기본계획(2018~2022)』, 2018, 국가보훈처.

『제3차 국가보훈발전 기본계획(2014~2018)』, 2014, 국가보훈처.

『제2차 국가보훈발전 기본계획(2009~2013)』, 2013, 국가보훈처.

『제1차 국가보훈발전 기본계획(2006)』, 2006, 국가보훈처.

국가보훈처, 『보훈연감』, 2018/2017.

국가보훈처, 「국가보훈복지법 제정(안)」, 2013.

국가보훈처, 「국가보훈실무(교육자료)」, 2009.

국가보훈처 홈페이지(검색: 2020.10.18.) (https://www.mpva.go.kr/)

〈네이버 지식백과〉(2020.10.15.)

법제처 국가법령정보센터. http://www.law.go.kr

통계청 홈페이지(검색: 2020.10.2) https://blog.naver.com/hms_2304/221839806144. 2020.10.16.

국가기록원. 2020. 10. 16.(www.archives.go.kr)

한국학중앙연구원. 2020.10.15.(http://www.aks.ac.kr).

대한민국상이군경회 오십년사, 2004, 931쪽.

〈네이버 지식백과〉; 복지국가. 2020.10.16.(https://terms.naver.com/list.nhn?cid=44626&categoryId=44626)